Volker Saure

GARANTIERT KONZERTGITARRE LERNEN

in anfängergerechtem Tempo

Band 1

- Spielerisch leicht lernen
- ohne Vorkenntnisse
- für Anfänger und Wiedereinsteiger
- für Einzel- und Gruppenunterricht
- für alle Altersstufen
- mit Internet Unterstützung

KAUFBERATUNG

DIE RICHTIGE HALTUNG

NOTEN LESEN LEICHT GEMACHT

MIT DEM PIZZA-PRINZIP

DER WECHSELSCHLAG

EINSTIMMIGES SPIEL

ZWEISTIMMIGES SPIEL

LAGENSPIEL

ARPEGGIOSPIEL

LIEDBEGLEITUNG

46 GITARRENDUOS

KLEINES LEXIKON

Alfred

Autor und Verlag bestätigen, dass das vorliegende Buch sorgfältig erarbeitet und einer mehrmaligen, gewissenhaften Kontrolle unterzogen worden ist.
Sollten Sie dennoch einen Fehler entdecken, würden wir uns über eine kurze Nachricht freuen.

Über den Autor

Volker Saure ist konzertierender Gitarrist und ausgebildeter Gitarrenlehrer (Studium an der Musikhochschule Heidelberg - Mannheim). Er lebt und arbeitet in Stuttgart als Fachbereichsleiter für Gitarre an einer Musikschule und hat mehrere CDs mit Solo- und Ensemble-Gitarrenmusik produziert und eingespielt.

Zum Lieferumfang dieser ALFRED-Publikation gehören das vorliegende Buch und eine Audio-CD. Weitere Unterstützung erhältst du im Internet auf **www.garantiertgitarre.de**.

Alfred Music Publishing
LEARN • TEACH • PLAY

© Copyright 2006 by
Alfred Music Publishing GmbH, Köln
info@alfredverlag.de
www.alfredverlag.de
www.garantiert-konzertgitarre.de

Covergestaltung: pw-mediendesign Petra Weißenfels, Neustadt/Wied
Layout, Redaktion & Lektorat: Thomas Petzold
Fotos: Für die Bereitstellung der angegebenen Fotomotive danken wir Herrn Thomas Jordan von der Fa. HÖFNER (S. 7/11/23/45/55/71/83/95/105/119/135) sowie Herrn Jens Jackel von der Fa. GEWA Musikinstrumente, Etui- und Taschenfabrik GmbH (S. 8 Mitte oben).
Alle anderen Fotos: Klaus-Erich Haun Bildersprache, Leverkusen
Besonderer Dank an das Fotomodell Tobias Motz
CD-Einspielung: Volker Saure
CD-Recording & -Mastering: rw-sounddesign Ralf Werner, Neunkirchen
Printed in Germany
ISBN 3-933136-31-8
Best.-Nr. ALF 20115G

Vorwort

GARANTIERT KONZERTGITARRE LERNEN ist für den Unterricht mit Schülern aller Altersstufen ab ca. neun Jahren konzipiert. Vorkenntnisse sind **nicht** erforderlich. Sowohl Gitarren-Anfänger als auch -Wiedereinsteiger werden sehr ausführlich von den ersten Anfängen der klassischen Gitarrentechnik über das Melodiespiel in der zweiten Lage mit sechsundvierzig Duos und fast zweihundert Übungen und Melodien bis zum zweistimmigen Spiel mit leeren Basssaiten begleitet.

Aufgrund der kleinen Lernschritte, lückenloser Erklärungen sowie der einzigartigen Internet-Unterstützung auf _www.garantiert-konzertgitarre.de_ eignet sich die vorliegende Gitarrenschule auch sehr gut zum Selbstunterricht; dennoch möchte ich zum Unterricht bei einem **ausgebildeten Lehrer** raten.

GARANTIERT KONZERTGITARRE LERNEN ist hervorgegangen aus den vielfältigen Erfahrungen meiner langjährigen Unterrichtspraxis, die ich mit Schülern aller Altersstufen und mit verschiedensten Lehrbüchern gesammelt habe. Das Ziel war, diese Erfahrungen so umzusetzen, dass der Unterricht für den Lernenden _und_ den Lehrenden leichter zum Erfolg führt. Um dieses Ziel zu erreichen, wurde in diesem Lehrbuch besonderen Wert auf folgende Neuerungen gelegt:

> ▸ _Ein **gleichmäßiger Anstieg des Schwierigkeitsgrads** bei der Einführung neuer Noten und Techniken und der Auswahl der Übungen und Stücke;_
>
> ▸ _Das in der Unterrichtspraxis bewährte **Pizza-Prinzip** zur anschaulichen Darstellung der verschiedenen Notenwerte, welches das Verständnis für die Tonlängen und die Zählzeiten spielerisch und direkt fördert;_
>
> ▸ _Die **Vernetzung** themenverwandter Stellen im Buch durch **Links** (Verweise auf andere Seiten). Sie erleichtern den Umgang mit diesem Buch und ermöglichen auch eine Vorschau auf die Vertiefung eines Themas im weiteren Verlauf;_
>
> ▸ _**Sechsundvierzig Duos** zur Verwendung im **Gruppen-** sowie **Einzelunterricht** (mit Audio-CD);_
>
> ▸ _**Konkrete Tipps und Hinweise** auf spezielle Schwierigkeiten, auf Ausnahmen von der Regel, aber auch Erinnerungen an wesentliche Aspekte oder Wiederholungen bestimmter Erläuterungen sind jeweils am Seitenrand platziert;_
>
> ▸ _Die Kapitel **Arpeggiospiel** und **Liedbegleitung** im Anhang sollen vor allem Schülern mit Vorkenntnissen im Akkordspiel die Gelegenheit bieten, diese mit der neu erlernten klassischen Technik zu kombinieren und anzuwenden;_
>
> ▸ _Ein **kleines Lexikon** im Anhang stellt zusätzliche Informationen zur Vertiefung zur Verfügung;_
>
> ▸ _Die beiliegende **Audio-CD** enthält alle Duos zum Mitspielen auch ohne Duopartner (Links-Rechts Kanaltrennung). Die meisten Duos auf der CD sind besonders langsam eingespielt, um dem Schüler das Mitspielen in einer möglichst frühen Übephase zu ermöglichen. Einige der schnelleren Duos sind in zwei verschiedenen Tempi eingespielt;_
>
> ▸ _Eine spezielle Internet-Unterstützung erfährt der Leser auf www.garantiert-konzertgitarre.de._

Die Spieltechnik der klassischen oder Konzertgitarre hat sich in den letzten Jahrzehnten nicht wesentlich verändert . Die Auswahl an Noten verschiedenster Musikrichtungen, über die ein Gitarrist mit der klassischen Technik heute verfügen kann, hat sich allerdings vervielfacht. Und so ist die Konzertgitarre heute wieder das, was sie zu ihren Anfängen war:

Eines der schönsten und vielseitigsten Instrumente der Welt.

Viel Spaß damit

Volker Saure

Der erfolgreiche Weg

▸ für Anfänger und Wiedereinsteiger

▸ für alle Altersstufen ab ca. 9 Jahren

▸ spielerisch leicht Noten lernen

▸ kleine überschaubare Schritte

▸ Melodie-/Solospiel und Akkordbegleitung

▸ 46 Gitarrenduos

▸ Verlinkung themenverwandter Stellen

▸ Konkrete Tipps und Hinweise

▸ Kleines Lexikon

▸ Audio-CD zum Mitspielen

▸ Internet-Unterstützung

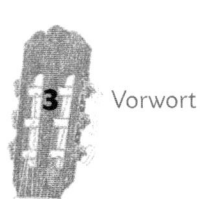

Inhalt

VORWORT 3

Tipps für erfolgreiches Lernen / CD-Übersicht 6

DIE KONZERTGITARRE 7

  Kaufberatung   7

    Das Zubehör   8

    Die Gitarrensaiten 9

  Das Stimmen der Saiten 9

LEKTION 1 11

Die Haltung der Gitarre 12

Die Haltung der rechten Hand 13

Der Daumenanschlag 13

Die Notenschrift 16

Die Tondauer 16

Das Pizza-Prinzip 16

  Die Ganze Note 16

  Die Halbe Note 17

  Die Viertel Note 18

Die Tonhöhe 19

  Der Ton g 20

  Der Ton d 20

  Der Ton h 21

LEKTION 2 23

Der 4/4-Takt 24

Die Haltung der linken Hand 28

Tägliches Training für die linke Hand 29

  Der Ton a 29

Der Wechselschlag 32

Der Wechselschlag mit Tirando 32

Der Wechselschlag mit Apoyando 33

  Der Ton c' auf der h-Saite 34

  Der Ton d' auf der h-Saite 36

  Der Ton e' auf der e-Saite 37

  Der Ton f' auf der e-Saite 39

  Der Ton g' auf der e-Saite 40

Der Auftakt 41

Viertel und Halbe Pause 42

LEKTION 3 45

Die Achtel 46

  Der Pizzarand 47

Der 3/4-Takt 50

  Der Ton e auf der d-Saite 51

Der Ton f auf der d-Saite 51

LEKTION 4 55

Die Punktierte Halbe 56

  Die Punktierte Halbe als Pizzarand 56

Die Punktierte Viertel 57

Die Punktierte Viertel als Pizzarand 58

  Der Ton A auf der A-Saite 61

  Der Ton H auf der A-Saite 62

  Der Ton C auf der A-Saite 62

    Der Haltebogen 64

Der Ton E auf der E-Saite 67

Der Ton F auf der E-Saite 68

Der Ton G auf der E-Saite 68

Alle bisher gelernten Töne 70

5

LEKTION 5 71
Die Tonleiter in C-Dur 72
   Halbtonschritt und Ganztonschritt 72
Das Kreuz-Vorzeichen 73
   Der Ton Fis 73
Das Dauervorzeichen 76
   Die Tonleiter in G-Dur (über zwei Oktaven) 77
Das Auflösungzeichen 78
Das b-Vorzeichen 79
   Der Ton b 79
Die Tonleiter in F-Dur (über zwei Oktaven) 80
Da Capo al Fine 81
Noten mit dem Kreuz-Vorzeichen 82
Noten mit dem b-Vorzeichen 82

6

LEKTION 6 83
Das Lagenspiel 84
Die 2. Lage 84
   Der Ton a' auf der e-Saite 84
   Die Töne in der 2. Lage der h-Saite 86
   Die Töne in der 2. Lage der g-Saite 87
   Die Töne in der 2. Lage der d-Saite 87
   Die Töne in der 2. Lage der A-Saite 88
   Die Töne in der 2. Lage der E-Saite 90
Die Dynamik 90
Das Stimmen der Gitarre 93
     Das Stimmen ohne Stimmhilfen 93
     Das Stimmen mit Stimmhilfen 94

7

LEKTION 7 95
Die Sechzehntel 96
Die Punktierte Achtel 101
Der 3/8-Takt 103

8

LEKTION 8 105
Das zweistimmige Spiel 106
   Die Tonleiter in D-Dur (über zwei Oktaven) 109

ANHANG 114
Der Arpeggio-Anschlag 115
   Moderato 117
   Ritardando 117
Liedbegleitung und Fingerpicking 120
   Was ist ein Akkord? 120
   Die wichtigsten Akkorde in Griffbildern 122
   Liedbegleitung Tief - Hoch 123
   Liedbegleitung mit Wechselbässen 126
   Liedbegleitung mit der Western-Technik 128
   Liedbegleitung mit Arpeggien 131
   Fingerpicking 133
Kleines Lexikon 135
Kopiervorlagen Pizzarand 138

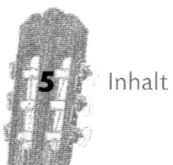

Tipps zum erfolgreichen Lernen

Garantiert Konzertgitarre lernen kannst du natürlich nur dann, wenn du selbst deinen Teil dazu beiträgst!

▸ Da jeder Schritt auf dem vorhergehenden aufbaut, halte dich bitte an die Reihenfolge.

▸ Versuche, fest Übezeiten einzuhalten - z.B. vor dem Abendessen, gleich nach den Hausaufgaben oder direkt nach der Arbeit.

▸ Nimm die Gitarre *nicht* ein paar Mal am Tag für nur kurze Zeit in die Hand, sondern übe konzentriert mindestens 20 Minuten am Stück. Dann kannst du dich am nächsten Tag besser daran erinnern, was du gelernt hast.

▸ Wenn du das schaffst, dann gönne dir - ohne schlechtes Gewissen - zwei übefreie Tage in der Woche.

▸ Übe neue Stücke und Übungen zunächst *ganz langsam*. Steigere dein Spieltempo erst dann allmählich, wenn du das vorangegangene Tempo sicher beherrschst.

▸ Wiederhole jede Übung mehrmals, auch wenn nur eine oder auch gar keine Wiederholung in der Notation angegeben ist.

CD-Übersicht

Nr.	Kurztitel	Seite
01	1 Stimmtöne	10
02	6a Übung mit Ganzen/Halben Noten	17
03	7a Übung mit Ganzen/Halben/Viertel Noten	18
04	14 Leersaiten-Duo 1	26
05	15 Leersaiten-Duo 2	26
06	16 Hänsel & Gretel (Duo)	27
07	18 Merrily we roll along (Duo)	30
08	19 ... roll along (Duo)	30
09	20 ... and along (Duo)	31
10	23 Zwei Gitarren (Duo)	35
11	24 Saitenweise (Duo)	35
12	25 Saitenklang (Duo)	36
13	29 Abschied (Duo)	38
14	34 Auftakt-Duo	41
15	38 Oh When The Saints (Duo)	44
16	39a Übungen mit Achtel Noten	48
17	41 Bourrée (Duo)	49
18	45 The Ash Grove (Duo)	52
19	46 Immer im Fluss (Duo)	53
20	47 Auf dem Weg (Duo)	53
21	51 Ausgang (Duo)	59
22	52 Es war ein König in Thule (Duo)	59
23	53 Freude schöner Götterfunken (Duo)	60
24	58 Melancholie (Duo)	63
25	60 Die Gedanken sind frei (Duo)	64
26	62 Scarborough Fair (Duo)	66
27	68 Banks of the Ohio (Duo)	75
28	69 Menuett (Duo)	76
29	70 Tonleiterduo	77
30	71 Schneller Tanz (Duo)	78
31	77 Das A-Duo	85
32	79 Galopp (Duo)	86
33	84 Es waren zwei Königskinder (Duo)	88
34	84 Schlittschuhläufer (Duo)	89
35	86 Dies Irae (Duo)	91
36	88 Sechzehntel-Übungen	97
37	90 Wechselspiel (Duo)	99
38	91 Das Burgfest (Duo)	99
39	92 Pollywolly Doodle (Duo)	100
40	94 Eurovisionsthema langsam	103
41	94 Eurovisionsthema schnell	103
42	95 Believe Me langsam (Duo)	104
43	95 Believe Me schnell (Duo)	104
44	101 Griechischer Wein (Duo)	108
45	110 Wettlauf langsam (Duo)	113
46	110 Wettlauf schnell (Duo)	113
47	114 Präludium	116
48	115 Allegro (M. Giuliani)	117
49	116 Asturias (Isaac Albeniz)	118
50	118 Die Gedanken sind frei (Duo)	124
51	119 The Spanish Lady (Duo)	125
52	121 Aura Lee mit Begleitung 1 (Duo)	127
53	121 Aura Lee mit Begleitung 2 (Duo)	127
54	124 Swanee River (Liedbegleitung) (Duo)	130
55	126 The House of the Rising Sun (Duo)	132

Die Konzertgitarre

Kaufberatung

Ein Gitarreneinsteiger wird sich schwer tun, alleine die richtige Wahl zu treffen. Da ist guter Rat einfach: *Unbedingt die Gitarre vor dem Kauf probespielen lassen!* Am besten kann das der Gitarrenlehrer oder ein befreundeter Gitarrist. Aber auch die Beratung beim Gitarren- bzw. Musikalienhändler in deiner Nähe ist in der Regel seriös. Eine gute Anfängergitarre bekommst du dort schon ab 200 Euro.

Konzertgitarren sehen zwar in ihrer Form alle ähnlich aus; entscheidend ist aber deren *Verarbeitung* und *Holzauswahl*.

Drei Dinge kannst du auch als (noch) Nicht-Gitarrist bereits prüfen:

■ Die **Gitarrendecke** (*vgl. Abb.*) sollte „massiv" sein, das heißt, die Maserung darf kein auf Sperrholz aufgeklebtes Furnier sein. Meistens wird die Decke aus Fichte oder Zeder hergestellt.

■ Für deine erste Gitarre ist die Wahl der Holzart nicht entscheidend. Unterschiede im **Klang** kannst du aber ganz einfach hören, wenn dir ein Gitarrist mehrere Instrumente direkt nacheinander vorspielt.

■ Die Qualität der Verarbeitung ist für Anfänger nicht so einfach zu erkennen. Hinweise auf eine schlechte Verarbeitung geben aber z.B. die **Bundstäbchen**. Sind deren Enden nicht poliert und so scharf, dass du dich verletzen könntest, ist vermutlich auch alles andere lieblos gefertigt.

Ist die Qualität durch gute Beratung gesichert, dann vertraue deinem persönlichen Geschmack.

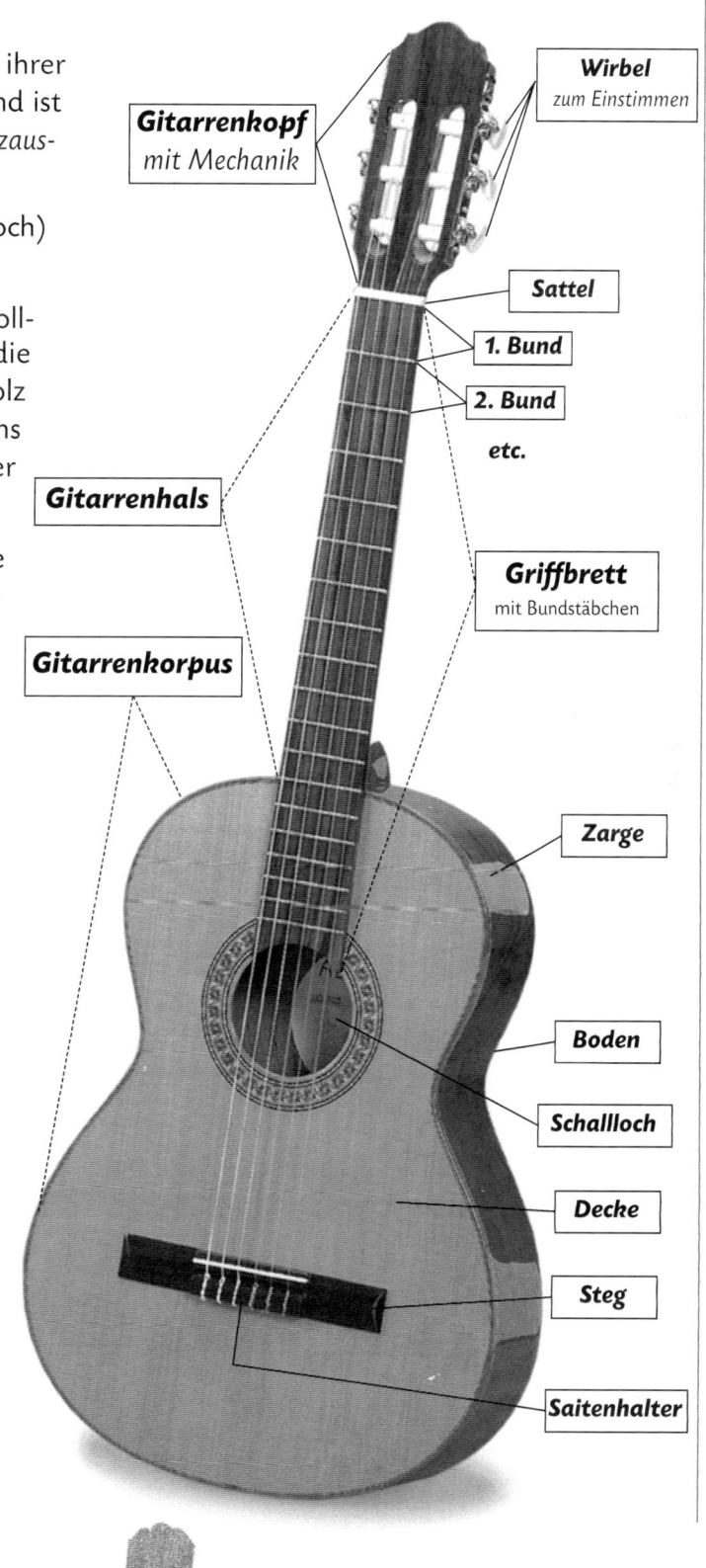

Gitarrenkopf mit Mechanik

Wirbel zum Einstimmen

Sattel

1. Bund

2. Bund etc.

Gitarrenhals

Griffbrett mit Bundstäbchen

Gitarrenkorpus

Zarge

Boden

Schallloch

Decke

Steg

Saitenhalter

Die
Gitarrensaiten
S. 9

Die Saiten

Eine Konzertgitarre ist immer mit _Nylonsaiten_ bespannt, die ihr den charakteristischen warmen Klang verleihen. Nur bei Rhythmus- (Western-) bzw. E-Gitarren werden *Stahlsaiten*, die nicht mit den Fingern, sondern mit einem *Plektrum* (Kunststoffplättchen) angeschlagen werden, verwendet. Beim Saitenkauf solltest du dem Verkäufer sagen, dass du eine Klassische bzw. Konzert Gitarre spielst. Verwende am Anfang Saiten mit **niedriger** oder **mittlerer Spannung** (*low oder medium tension*). Nach einer gewissen Zeit nutzen sich die Saiten ab. Die Basssaiten klingen dann stumpf und beginnen zu korrodieren. Das ist ein sicheres Zeichen, die Saiten zu wechseln. Probiere bei jedem Saitenwechsel eine andere Marke. Bleibe bei der, die dir klanglich am besten gefällt.

Das Zubehör

Was wir auf jeden Fall noch brauchen, ist:

■ eine Fußbank oder ...

Fußbänke unterstützen eine körperfreundliche Haltung und sind preiswert im Musikalienhandel zu bekommen.

■ eine Gitarrenstütze

Eine **Gitarrenstütze** wird an der unteren Zarge angebracht und schafft eine angenehme Verbindung zwischen Gitarre und Oberschenkel. Es gibt verschiedene Modelle auf dem Markt. Aus ergonomischer Sicht die entspannendste Sitzhaltung.

■ einen Notenständer

Verwende einen **Notenständer**. Lege die Noten nicht vor dir auf den Tisch. Davon bekommst du nur Rückenschmerzen.

Nicht unbedingt notwendig, aber hilfreich sind:

■ Kapodaster

Liedbegleitung
S. 120

Mit einem **Kapodaster** kann der Sattel künstlich verschoben werden. Das kann hilfreich bei kleineren Händen und bei der _Liedbegleitung_ sein.

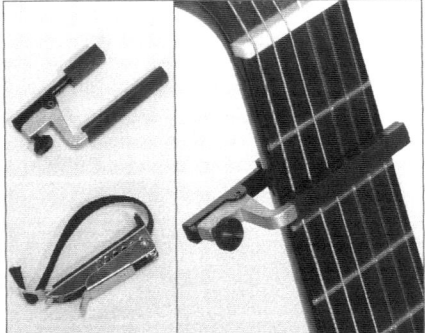

■ Gitarrenständer

Ein **Gitarrenständer**, auch **Gitarrenhalter** genannt, bewahrt die Gitarre vor dem Umfallen.

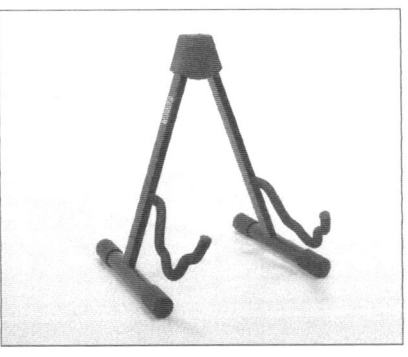

■ Metronom

Das **Metronom** ist besonders hilfreich zur Ausbildung von Tempo- und Taktgefühl.

■ Saitenkurbel

Eine **Saitenkurbel** kann das Wechseln der Saiten beschleunigen.

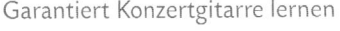

Die Gitarrensaiten

Die Konzertgitarre wird ausschließlich mit Saiten aus **Nylon** bespannt. Die feinen Nylonfäden der drei Basssaiten **E**, **A** und **d** sind mit einem dünnen Draht umwickelt und dadurch nicht sichtbar.

Saiten können auch **nummeriert** werden, von der dünnen e-Saite ① bis zur **dicken** E-Saite ⑥.

Die **Saitennamen** merkt man sich am besten mit einem Spruch. Von der **dicksten** bis zur dünnsten Saite:

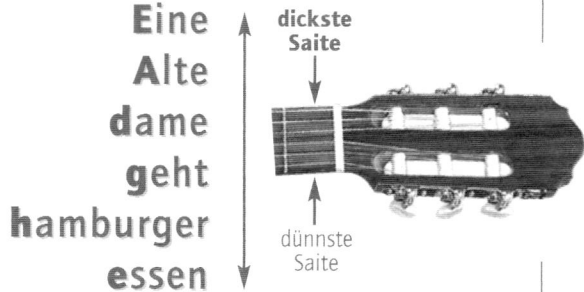

Eine   ↑ dickste Saite
Alte
dame
geht
hamburger   ↓ dünnste Saite
essen

hoch oder tief
Lexikon
S. 136

Tipp:

▶ *Die **dünnste Saite** klingt am höchsten, ist aber dem **Fußboden** am nächsten (Saite ① = hohe e-Saite).*

▶ *Die **dickste Saite** klingt am tiefsten, ist aber der **Zimmerdecke** am nächsten (Saite ⑥ = tiefe E-Saite).*

Das Stimmen der Saiten

Zunächst solltest du nachsehen, ob die Saiten richtig um die Wirbel gewickelt sind. Sie sollten von oben nach unten verlaufen wie auf dem *Bild oben links*.

Wenn du einen Wirbel aus Spielersicht (d.h. du siehst den Gitarrenkopf von hinten) **im Uhrzeigersinn** drehst, wird der Klang **tiefer**. Drehst du **gegen den Uhrzeigersinn**, wird er **höher**. Pass auf, dass du die Saiten nicht zu hoch stimmst, weil sie dann reißen können!

Um die Saiten zu stimmen, brauchst du noch ein **elektronisches Stimmgerät** oder eine **Stimmgabel**. Das *Stimmen mit der Stimmgabel* erfordert einige Übung und wird später beschrieben.

Das Stimmen
der Gitarre
S. 93ff.

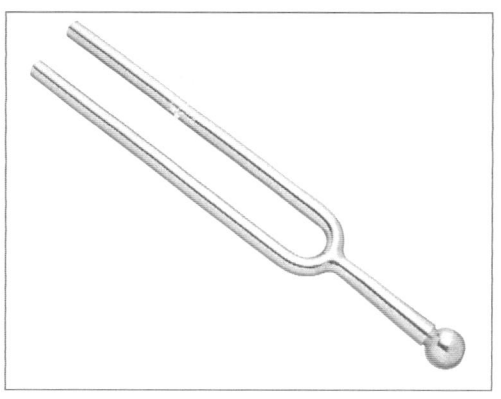

Stimmgerät   oder   **Stimmgabel**

Das Stimmen mit Stimmgerät

Stimmgeräte unterscheiden sich hauptsächlich in der Art der optischen Anzeige der Tonhöhe. Sie verfügen über ein eingebautes Mikro, das die Schwingung einer angespielten Saite aufnimmt.

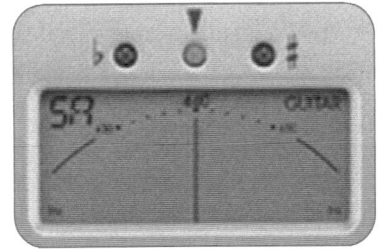

Die Darstellungsweise der jeweiligen Tonhöhe ist je nach Gerät unterschiedlich. Bei *analogen* Geräten bewegt sich eine Nadel zur Mitte einer Skala, sobald die richtige Tonhöhe erreicht ist. *LED-Anzeigen* signalisieren dies mit einem grünen Leuchtpunkt, ebenfalls innerhalb einer Skala.

Einfache Stimmgeräte „erkennen" eine bestimmte Saite, wenn sie angespielt wird. Zeigt die Nadel oder der Leuchtpunkt z.B. nach links, ist die Saite zu tief gestimmt. Um sie höher zu stimmen, spielt man die Saite kräftig an und dreht dabei den Stimmwirbel entgegen dem Uhrzeigersinn, bis die Nadel oder der Leuchtpunkt in der Mitte der Skala sind.

Bei dieser Drehung erhöht sich die Spannung der Saite, sie schwingt dann schneller und der Ton klingt höher.

Das Stimmen mit der CD

Dieses CD-Symbol zeigt die Anwähl-nummer auf der CD an.

Du kannst deine Gitarre auch mit Hilfe der beiliegenden CD stimmen. In **Hörbeispiel 1** sind alle sechs Saiten mehrfach hintereinander angeschlagen - beginnend mit der tiefen E-Saite bis zur hohen e-Saite.

Lektion 1

Das lernst du:

Haltung der Gitarre

Haltung der *rechten Hand*

Die Notenschrift

Das Pizza-Prinzip

Ganze Note

Halbe Note

Viertel Note

Das Notensystem

Die Haltung der Gitarre

Eine Gitarre lässt sich auf verschiedene Arten halten. Hier werden die drei verbreitetsten dargestellt und die Vor- und Nachteile festgestellt. Vorausgesetzt werden eine Fußbank oder eine Gitarrenstütze und ein rutschfestes Tuch (z.B. raues Wildleder, das zwischen Gitarre und rechtem oder linkem Oberschenkel liegen sollte).

Haltung 1 - Linker Fuß auf der Fußbank

Vorteile:

- *Drei feste Punkte* beim Sitzen (eigene Stabilität).
- *Vier Auflagepunkte* der Gitarre (mit Tuch liegt die Gitarre stabil auch ohne Auflage des rechten Unterarms).
- *Entspannte Position* der rechten Schulter.
- *Gute optische Kontrolle* über alle Bereiche möglich.
- *Barrégriffe ohne Biegung* des Handgelenks.
- *Zentrale Position* der Gitarre vor dem Körper, nicht an der Seite.

Nachteile:

- *Keine.*

Haltung 2 - Rechter Fuß auf der Fußbank

Vorteile:

- *Drei feste Punkte* beim Sitzen.

Nachteile:

- *Nur zwei Auflagepunkte* der Gitarre am Körper.
- *Ohne Auflage des rechten Unterarmes* kippt die Gitarre weg. Der Unterarm lastet stark auf der Zargenkante der Gitarre.

Haltung 3 - Kreuzen der Beine

Vorteile:

- *Ohne* Fußbank oder Gitarrenstütze möglich.

Nachteile:

- *Nur zwei feste Punkte* beim Sitzen (Rückenmuskeln müssen die Instabilität ausgleichen).
- *Die Gitarre verschiebt sich vom Körperzentrum weg* nach rechts, Oberarm und Schulter müssen folgen, Verspannungen im Schulterbereich sind die Folge.
- Durch den *Zirkulationsstau des Blutes* schläft das rechte Bein ein.
- *Entfernung Auge – linke Hand* wächst, für Barrégriffe muss das Handgelenk eingeknickt werden.

Die Gewinnerin ist klar: **Haltung 1!**

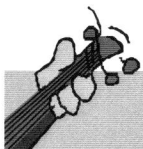

Die Haltung der rechten Hand

Lege den rechten Unterarm auf den Gitarrenrand (Zargen).

Die Hand nimmt diese Form an: Der Handrücken bildet zusammen mit dem Unterarm eine Ebene, das Handgelenk sollte also **nicht** nach unten abgeknickt werden. Die Hand darf sich aber im Gelenk leicht nach rechts drehen.

Zeigefinger und *Daumen* bilden ein **„großes Auge"**, die vier Finger berühren sich leicht auf der Höhe der Fingernägel.

Zeige-, Mittel- und *Ringfinger* setzen sich leicht auf die e-Saite ①.

Der *kleine Finger* bleibt an der Seite des *Ringfingers*.

Der Daumenanschlag

Der *Daumen* schiebt sich ein wenig am *Zeigefinger* links vorbei, sodass beide sich nicht mehr berühren. Jetzt kannst du die g-Saite ③ mit dem gestreckten *Daumen* anschlagen. Wenn er danach wieder zur Saite zurückkehrt, hat er eine **elliptische Bewegung** ausgeführt:

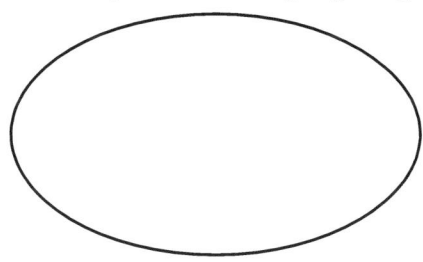

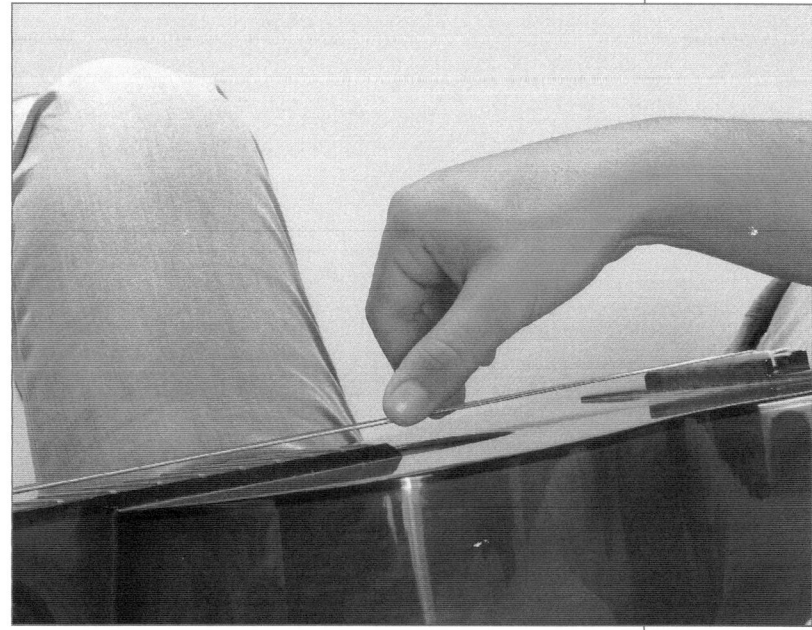

Übungen auf der d-, g- und h-Saite

Spiele bei dem Zeichen ● die Saite mit dem *Daumen* kurz und bei dem Zeichen ○ lang an.

1 Übungen auf der g-Saite

a)

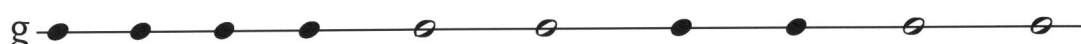

● = kurz
○ = lang

b)

2 Übungen auf der g- und h-Saite

a)

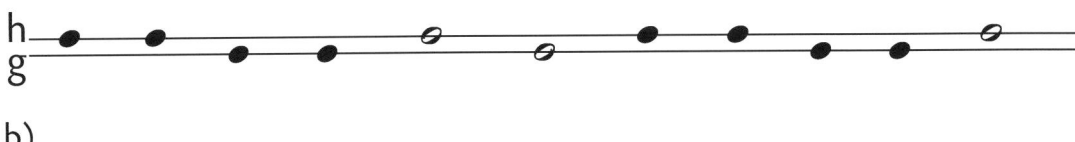

Achte darauf, dass der Daumen am Zeigefinger links vorbei schlägt.

b)

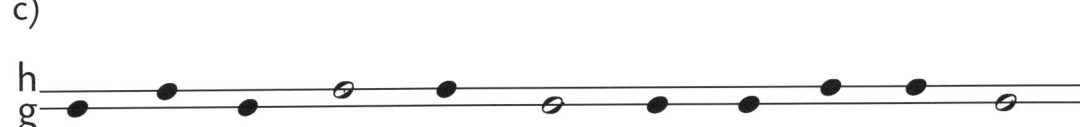

c)

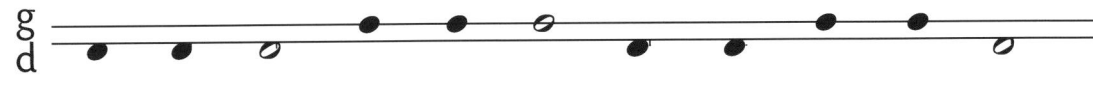

3 Übungen auf der d- und g-Saite

a)

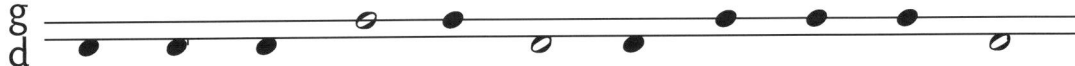

b)

c)

4 Übungen auf der d-, g- und h-Saite

a)

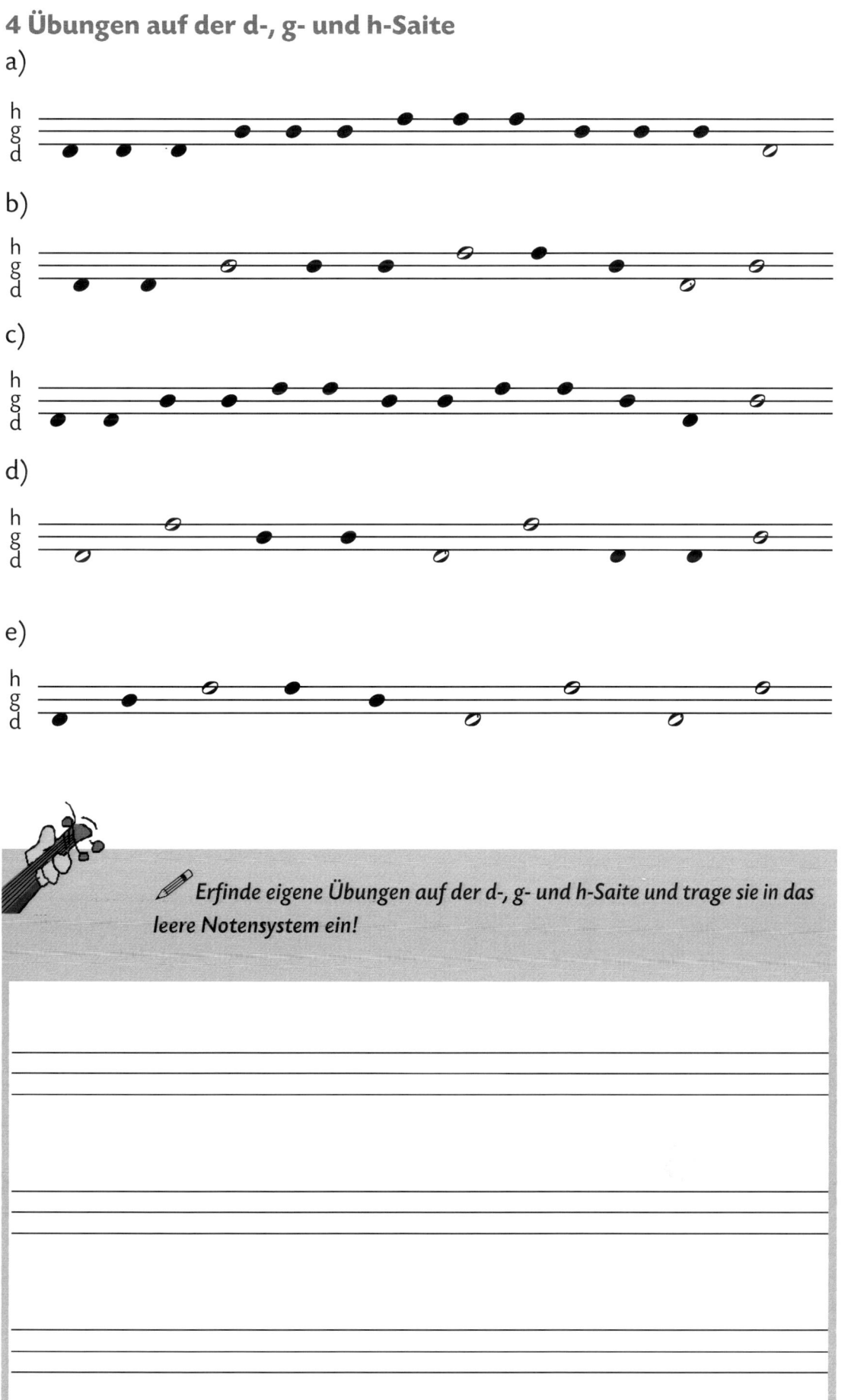

b)

c)

d)

e)

✏️ Erfinde eigene Übungen auf der d-, g- und h-Saite und trage sie in das leere Notensystem ein!

Die Notenschrift

So wie die Sprache, kann auch die Musik aufgeschrieben werden. Für die Sprache gibt es dafür Buchstaben und Wörter; in der Musik sind es die *Noten*, die für die verschiedenen Töne stehen - mit dem Vorteil, dass Noten in jedem Land gleich aussehen.

Um die Melodie eines Stückes wiederzuerkennen, sind nur zwei Dinge wichtig: Die **Tondauer** und die **Tonhöhe**.

Die Tondauer

Die Tondauer bezeichnet, **wie lange** ein Ton klingt. In der Musik werden verschiedene Tondauern mit verschiedenen **Notenwerten** dargestellt. Diese verschiedenen Tondauern lassen sich am anschaulichsten am Beispiel einer *Pizza* beschreiben:

Das Pizza-Prinzip

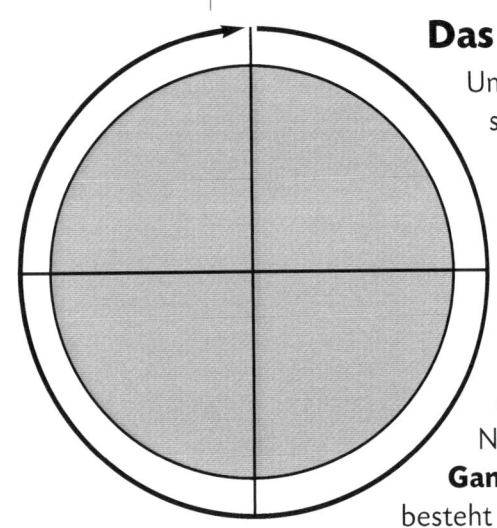

Umkreise die nebenstehende Pizza mit dem Zeigefinger im Uhrzeigersinn. Beginne am obersten Punkt und summe einen beliebigen Ton dazu. Achte dabei auf ein gleichmäßiges Tempo! Wie schnell, bestimmst du selbst.

Nach einer **ganzen** Umkreisung beendest du deinen Summton. Eine **ganze** Umkreisung entspricht dem Notenwert einer **Ganzen Note** (**Ganze**). Sie besteht aus einem nicht ausgefüllten **Notenkopf**.

> ## Die Ganze Note
>
> Notenkopf ⟶ O ⟵ kein Notenhals

Wie lange eine Ganze Note klingt, ist vom Grundtempo abhängig. Für die folgende Übung nehmen wir einfach mal an, dass die Ganze Note *vier Sekunden* lang klingt. Dein *Daumen* schlägt also jetzt die **g-Saite** an und benötigt für seine kreisähnliche Bewegung **vier Sekunden**, bis er den nächsten Ton anschlägt.

5 Übung Ganze

Lexikon
S. 136

Zähle laut mit. Achte auf ein gleichmäßiges Tempo!

Zähle zum Spielen laut und mit gleichmäßiger Geschwindigkeit, so wie der Sekundenzeiger einer Uhr.

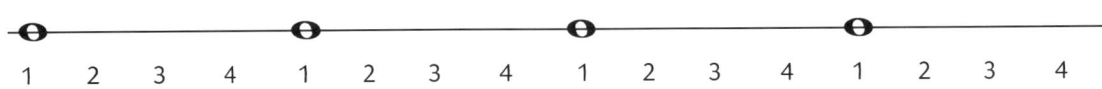

Vorsicht: Die Dauer von *vier Sekunden* ist nicht allgemeingültig, sondern nur ein Beispiel!

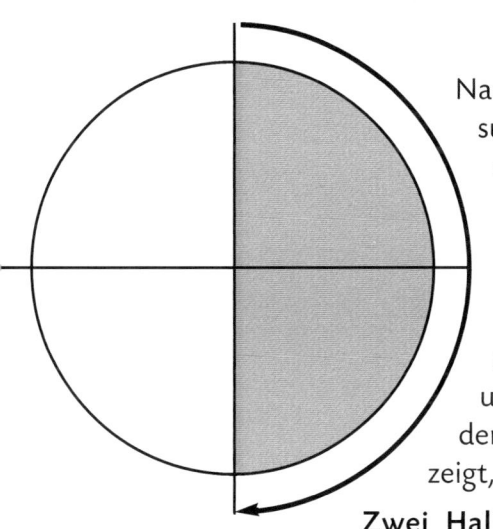

Nach einer **halben** Umkreisung in derselben Geschwindigkeit dauert dein Summton nur **halb so lang**. Der Notenwert ist die **Halbe Note** (**Halbe**). Sie besteht aus einem nicht ausgefüllten **Notenkopf** und einem **Notenhals**. Ob der Hals nach unten oder oben zeigt, ist vorerst ganz egal.

Zwei Halbe nacheinander gespielt klingen genau so lang wie **eine Ganze**.

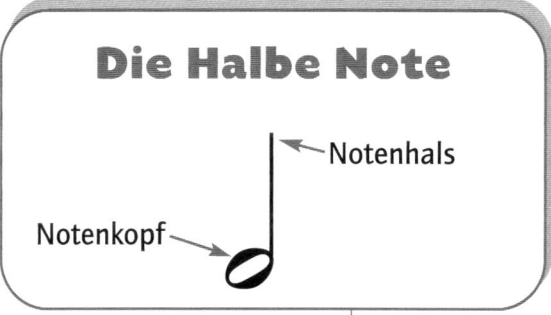

Bei der Ganzen haben wir eine Dauer von **vier Sekunden** bestimmt. Damit die Notenlängen zueinander im richtigen Verhältnis stehen, klingt eine Halbe **zwei Sekunden** lang.

6 Übung Halbe und Ganze

a)

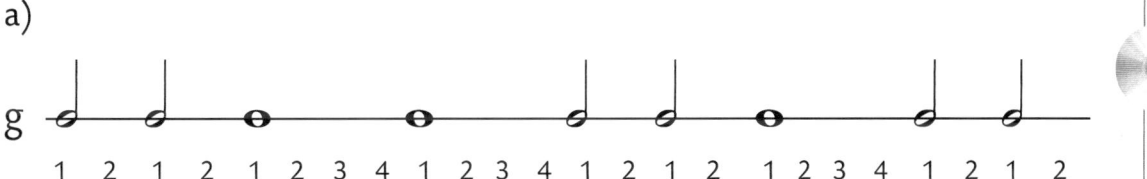

b)

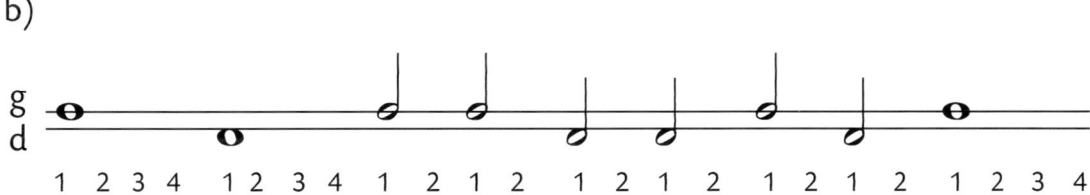

Zähle laut mit. Achte auf ein gleichmäßiges Tempo!

c)

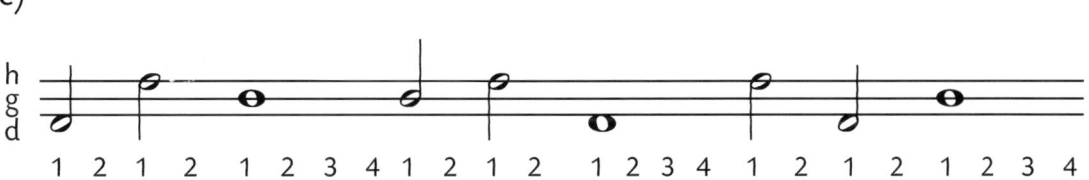

Vorsicht: Die Dauer von *vier Sekunden* für eine Ganze Note und *zwei Sekunden* für eine Halbe Note ist nicht allgemeingültig, sondern nur als Beispiel gewählt!

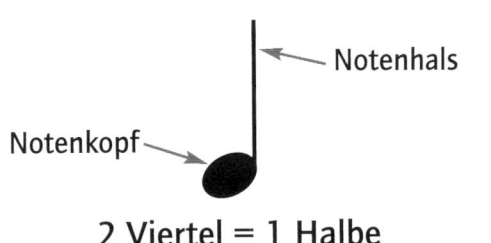

Die Viertel Note

Notenhals

Notenkopf

2 Viertel = 1 Halbe
4 Viertel = 1 Ganze

Nach einer **Viertelumkreisung** in derselben Geschwindigkeit dauert der Summton nur **ein Viertel** so lang.
Der Notenwert ist also eine **Viertel Note** (**Viertel**).
Sie besteht aus einem ausgefüllten **Notenkopf** und einem **Notenhals**.

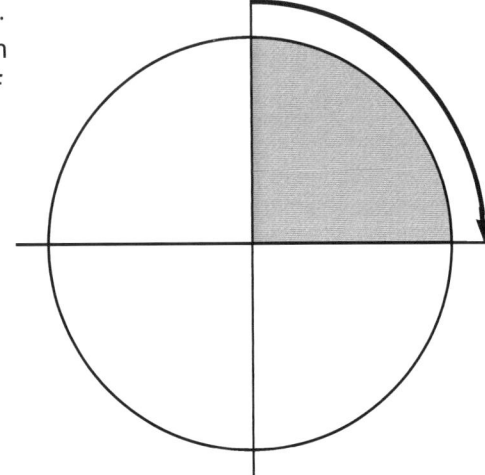

Zwei Viertel nacheinander gespielt klingen genau so lang wie **eine Halbe**. Viertel werden also **doppelt so schnell** gespielt.

2 Viertel = 1 Halbe

Vier Viertel nacheinander gespielt klingen genau so lang wie **eine Ganze**.

4 Viertel = 1 Ganze

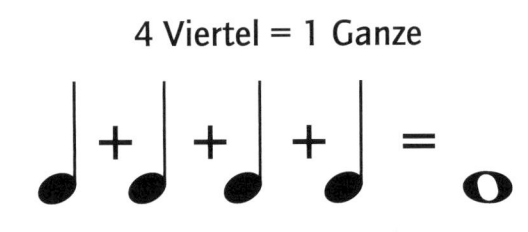

Wenn eine Ganze **vier** und eine Halbe **zwei** *Sekunden* dauern soll, klingt eine Viertel nur **eine Sekunde** lang.

Tipp:

▶ *Prinzipiell kann eine Viertel natürlich beliebig lang dauern. Die Tondauer bzw. Tonlänge wird vom Spieler am Anfang des Stückes festgelegt und bleibt bis zum Ende gleich. Alle anderen Notenlängen richten sich entsprechend danach.*
▶ *Die Abstände der Noten zueinander im Notenbild haben **absolut nichts** mit der tatsächlichen Notendauer zu tun!*

7 Übung Halbe und Ganze und Viertel

3 a)

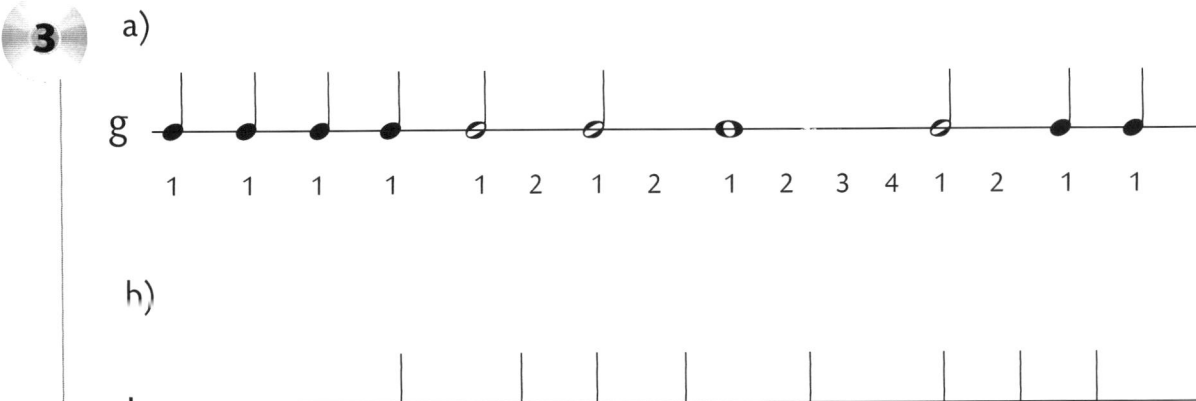

g

1 1 1 1 1 2 1 2 1 2 3 4 1 2 1 1

h)

d

1 2 3 4 1 2 1 1 1 2 1 2 1 1 1 2

c)

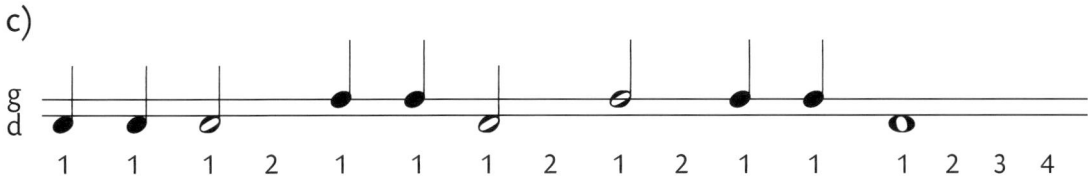

| 1 | 1 | 1 | 2 | 1 | 1 | 1 | 2 | 1 | 2 | 1 | 1 | 1 | 2 | 3 | 4 |

d)

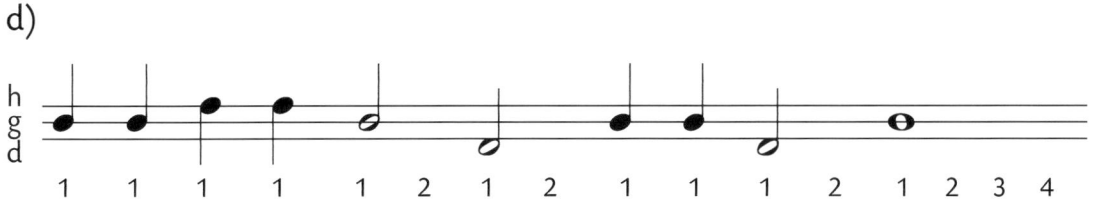

| 1 | 1 | 1 | 1 | 1 | 2 | 1 | 2 | 1 | 1 | 1 | 2 | 1 | 2 | 3 | 4 |

Die Tonhöhe

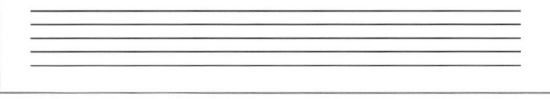

Das Grundgerüst unseres **Notensystems** für alle Instrumente (außer Schlagzeug) sind **fünf Notenlinien**. Diese Linien haben **nichts** mit Gitarrensaiten zu tun!

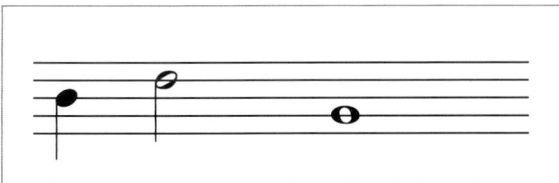

Um zu zeigen, _wie hoch_ oder _wie tief_ ein Ton klingt, setzt man die Note entweder **auf** oder **zwischen** die fünf Notenlinien. Noten, die tiefer klingen, stehen auch im Notensystem weiter unten und umgekehrt.

Lexikon
S. 136

Meistens zeigt der **Notenhals** bei den tieferen Tönen **nach oben**, und ab der Note auf der mittleren Notenlinie **nach unten**. Die Richtung des Notenhalses ändert aber am Ton oder am Notennamen nichts.

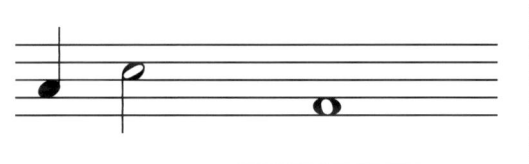

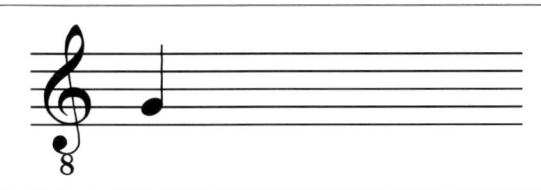

Ganz am Anfang steht der **Notenschlüssel**. Die verschiedenen Notenschlüssel dienen vor allem dazu, die „mittleren" Töne eines Instruments ungefähr in der Mitte des Notensystems zu zeigen.

Für die Gitarre wird der Violin- oder G-Schlüssel mit einer kleinen „8" darunter verwendet.

Der Ton g

Spielt man die **g-Saite** ③ an, so heißt der Ton **g**. Im Notensystem befindet er sich auf der zweituntersten Notenlinie.

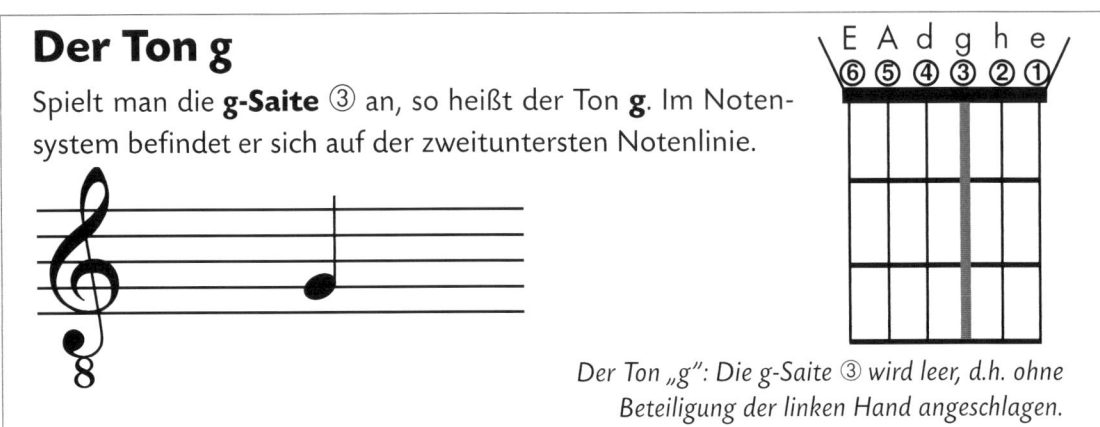

Der Ton „g": Die g-Saite ③ wird leer, d.h. ohne Beteiligung der linken Hand angeschlagen.

8 Übung Ton g

Der Ton d

Spielt man die **d-Saite** ④ an, so heißt der Ton **d**. Im Notensystem befindet er sich unter der untersten Notenlinie.

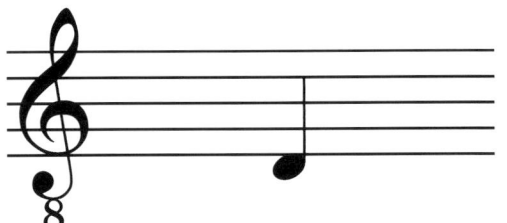
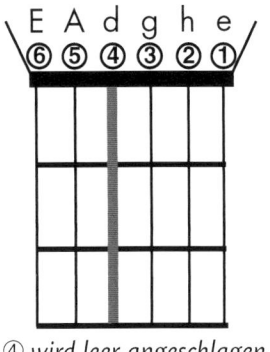

Der Ton „d": Die d-Saite ④ wird leer angeschlagen.

9 Übung Ton d

10 Übungen Ton g und d

a)

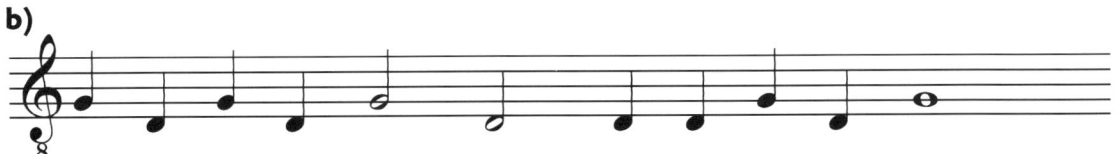

b)

Der Ton h

Spielt man die h-Saite ② an, so heißt der Ton **h**. Im Noten-system befindet er sich auf der mittleren Notenlinie.

Der Ton „h": Die h-Saite ② wird leer angeschlagen.

11 Übung Ton h

12 Übung Ton g, d und h

🖉 *Erfinde eigene Übungen auf der d-, g- und h-Saite und trage sie in das leere Notensystem ein!*

Band 2
Jetzt erhältlich!

Band 2 mit CD (DIN A4) • 148 Seiten • Best.-Nr. 20132G • ISBN-13: 9783933136565
Weitere Informationen im Internet: www.garantiert-konzertgitarre.de

Lektion 2

Das lernst du:

Der 4/4-Takt

Haltung der *linken Hand*

Der Wechselschlag

Wiederholungszeichen

Viertel Pause

Halbe Pause

Die Takte

Auftakt

Der $\frac{4}{4}$-Takt

Je länger die Stücke werden, desto mehr Noten enthalten sie. Damit das nicht unübersichtlich wird, unterteilt man ein Stück in **Takte**.

Die Takte werden begrenzt durch **Taktstriche**. Ganz am Anfang stehen zwei Zahlen, die angeben, wie lang ein Takt ist bzw. welcher Notenwert insgesamt in einem Takt enthalten ist. Man liest von oben nach unten, genau wie bei einem Bruch beim Rechnen:

Vier Viertel. In einem $\frac{4}{4}$-Takt können verschiedene Notenwerte stehen:

Beispiel Nr. 1

Ein Doppelbalken ‖ *steht nur dann am Ende einer Zeile, wenn das Stück zu Ende ist.*

Zusammen dürfen sie nicht mehr und nicht weniger als vier Viertel ergeben!

Zählen im $\frac{4}{4}$-Takt

Am Start des 1. Pizzaviertels zählst du laut *„eins"*. Wenn wir am Anfang des 2. Viertels vorbeikommen, zählst du **„zwei"** usw.

In dem Notenbeispiel oben „startet" die erste Halbe am Anfang von Takt 2, also am Anfang des ersten Viertelkreises. Man sagt dazu: Diese Note ist bzw. steht auf der **„Eins"**. Die zweite Halbe in Takt 2 beginnt am Anfang des 3. Viertels, sie steht also auf der **„Drei"**.

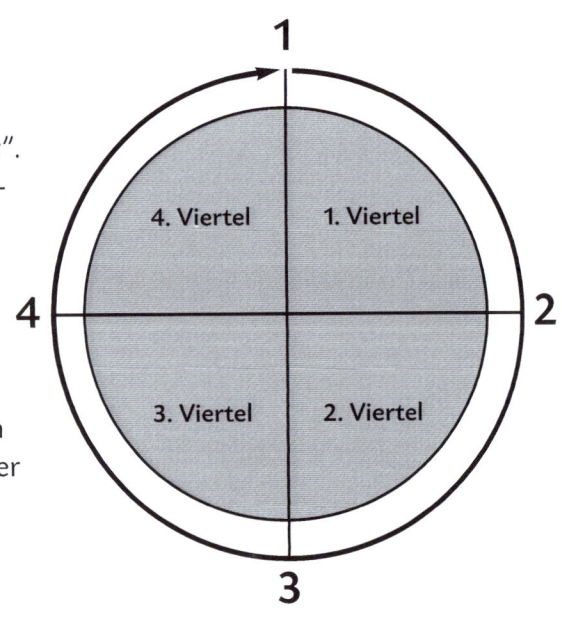

Übung 10a) S. 20

Beispiel Nr. 2

Dieselbe Übung wie *Übung 10a)*, diesmal in Takten.

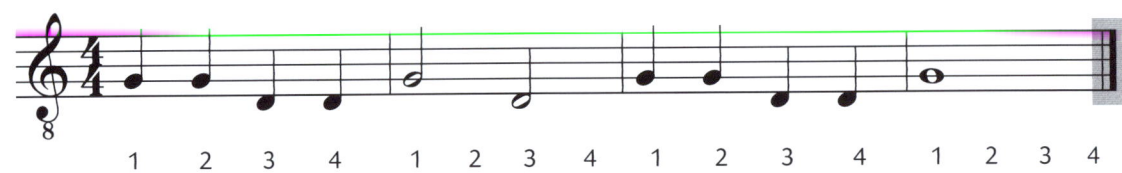

13 Übungen im 4/4-Takt

a)

1 2 3 4   1 2 3 4   1 2 3 4   1 2 3 4

b)

1 2 3 4   1 2 3 4   1 2 3 4   1 2 3 4

c)

1 2 3 4   1 2 3 4   1 2 3 4   1 2 3 4

d)

1 2 3 4   1 2 3 4   1 2 3 4   1 2 3 4

✏️ *Trage in die Übungen 13 e bis g die Taktstriche und die Zählzeiten ein!*

e)

f)

g)

Drei Gitarrenduos

Wenn zwei Notensysteme ganz links mit einer Klammer verbunden sind, spielt ein Spieler die obere, gleichzeitig ein anderer die untere Stimme. Zusammen spielen sie dann ein „_Duett_" oder „_Duo_".

Bei den folgenden drei Gitarrenduos spielst du die Schülerstimme im jeweils oberen Notensystem.

Duos und mehr ...
_S. 136_

Das Wiederholungszeichen

Der **Doppelpunkt** an der Innenseite eines Doppelbalkens bedeutet, dass von Anfang an wiederholt wird.

Die zweite Stimme übernimmt dein Gitarrenlehrer. Du kannst sie aber auch zur CD mitspielen. Dafür drehst du den Balanceregler deiner Stereoanlage ganz nach _rechts_.

14 Leersaiten-Duo 1

Volker Saure

Schülerstimme →

Lehrerstimme →

Wenn du zur CD spielen möchtest, drehst du den Balanceregler deiner Stereoanlage ganz nach rechts. Du hörst jetzt nur die Lehrerstimme und kannst deine Stimme dazu spielen.

15 Leersaiten-Duo 2

Volker Saure

16 Hänsel und Gretel (Duo)

mündlich überliefert

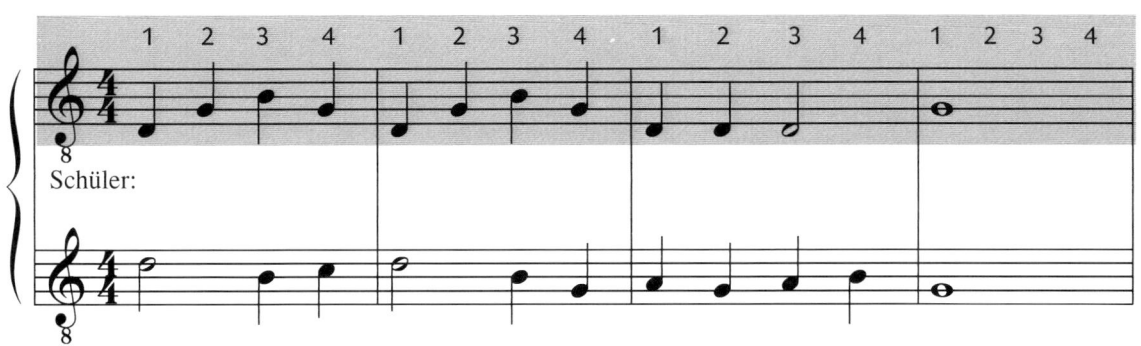

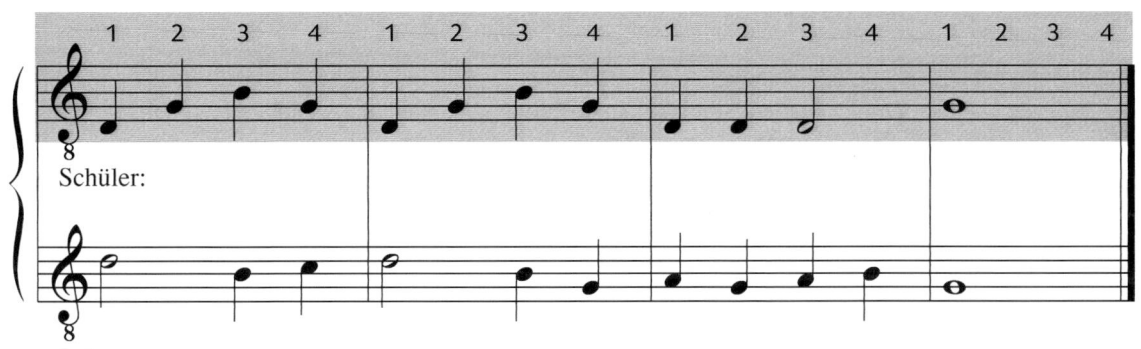

Die Haltung der linken Hand

Die Finger der **linken Hand** (**Greifhand**) verkürzen den schwingenden Teil der Saite, indem sie mit der Fingerkuppe auf das Griffbrett drücken. Die Saite schwingt deshalb schneller. Der Ton klingt höher, je weiter man sich in Richtung des Schalllochs bewegt.

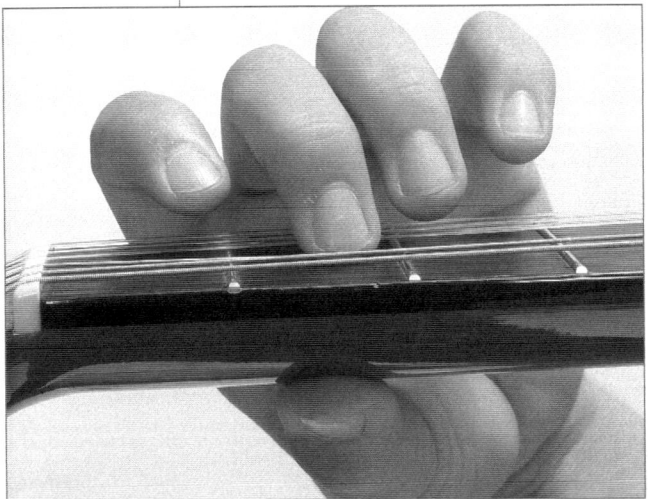 

Um die richtige Position des *Daumens* zu finden, setzen wir den *Zeigefinger* mit der Kuppe **senkrecht** auf die **d-Saite** im **1. Bund** und den *Mittelfinger* auf dieselbe Saite im **2. Bund**. Der *Daumen* drückt von der genau gegenüberliegenden Stelle des Gitarrenhalses leicht dagegen (*vgl. Foto links oben*). An dieser Stelle bleibt der *Daumen* auch dann liegen, wenn sich die Positionen der anderen Finger verändern.

Tipp:
> *Am leichtesten lässt sich die Saite kurz vor dem – aus Spielerperspektive – rechten Bundstäbchen herunterdrücken.*

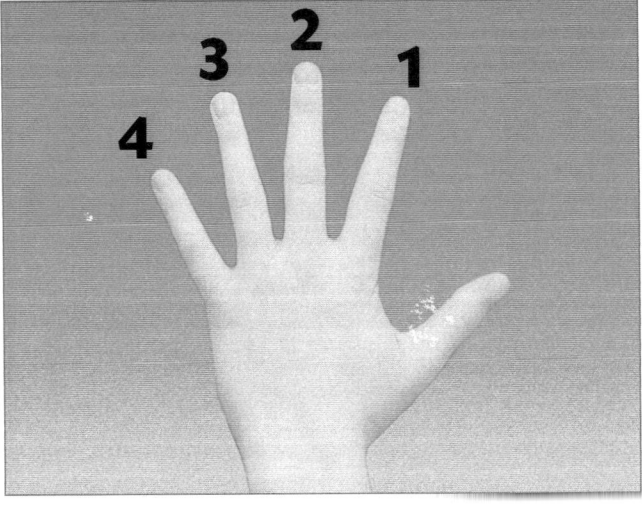

Die Finger der linken Hand werden mit den **Zahlen 1 – 4** bezeichnet. Diese Fingersätze stehen meist direkt vor einer Note.

1 = *Zeigefinger*
2 = *Mittelfinger*
3 = *Ringfinger*
4 = *kleiner Finger*
0 = *leere (ungegriffene) Saite*

2. Lage S. 84ff. Bis zur Einführung in das *Spiel in der zweiten Lage* drückt der *Zeigefinger* (1) die Saiten auf dem 1. Bund, der *Mittelfinger* (2) die Saiten auf dem 2. Bund usw. Die linke Hand befindet sich jetzt in der „ersten Lage".

Für die folgende Übung machen wir davon aber gleich eine Ausnahme:

Tägliches Training für die linke Hand

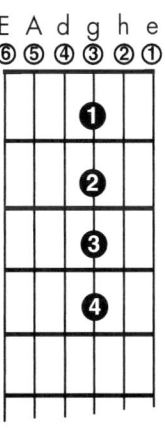

Um die Spreizfähigkeit der Finger zu trainieren, setzen wir den 1. Finger (*Zeigefinger*) auf die **g-Saite** im **7. Bund**, dicht vor das Bundstäbchen, das den 7. und 8. Bund voneinander trennt. Die Abstände zwischen den Bünden sind hier kleiner und deshalb einfacher zu bewältigen.

Nachdem du die Saite mit dem *Daumen* angeschlagen hast, setzt du den 2. Finger (*Mittelfinger*) auf den nächsten, den 8. Bund, ohne den 1. Finger wegzunehmen. Dann folgen in gleicher Weise der 3. Finger (*Ringfinger*) und der 4. Finger (*kleiner Finger*) auf dem 9. und 10. Bund.

Jetzt sitzen alle vier Finger fest auf der g-Saite, und du machst dieselbe Übung in umgekehrter Reihenfolge, bis wieder nur der 1. Finger die Saite greift.

Um sicher zu gehen, dass die Finger die Saite auch fest genug heruntergedrückt haben, spielst du jeden Ton mit dem *Daumen* der rechten Hand an.

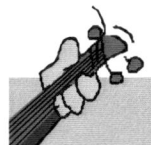

Übertrage diese Übung auch auf die h- und d-Saite!

Wenn alle Töne „sauber" klingen, also nicht schnarren, kannst du diese Übung auch in der **sechsten Lage** (1. Finger im 6. Bund) spielen, danach in der **fünften Lage** usw. Durch die immer größer werdenden Bundabstände können sich die Finger langsam an die nötige Spreizung gewöhnen.

Der Ton a

Der Ton **a** wird auf dem **2. Bund** der **g-Saite** ③ mit dem *Mittelfinger (2)* gegriffen. Im Notensystem befindet sich das **a** zwischen der zweituntersten und der mittleren Notenlinie.

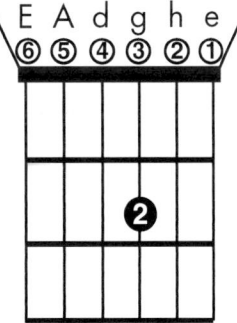

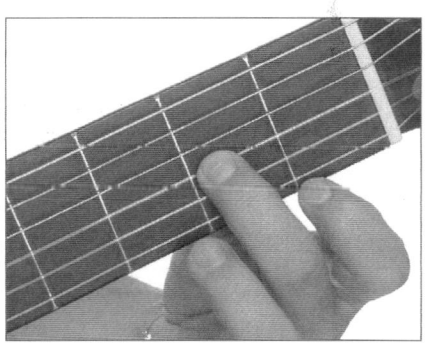

Der Ton a: Mittelfinger (2) greift auf dem 2. Bund der g-Saite ③.

17 Übungen Ton a

a)

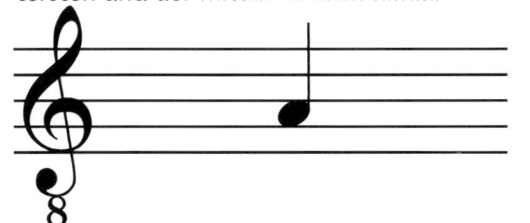

b)

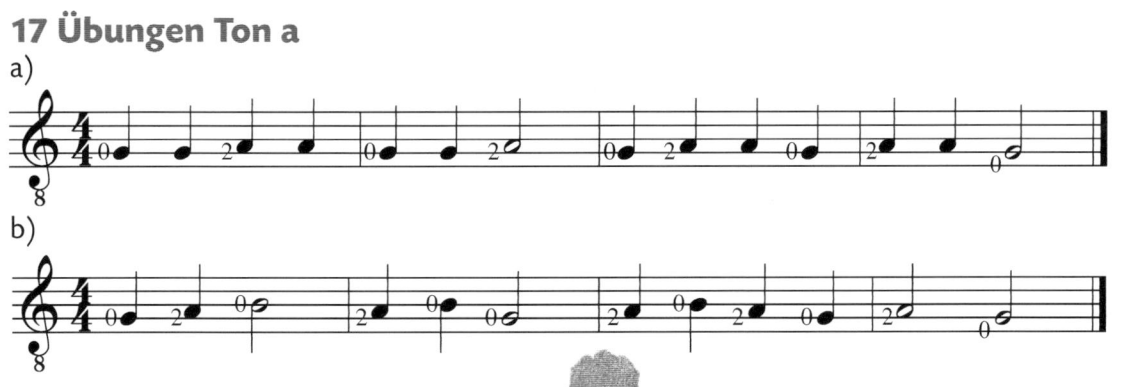

29   Lektion 2 - Der Ton a

c)

d)

e)

Bei den folgenden Gitarrenduos kannst du sowohl die obere als auch die untere Stimme übernehmen.

18 Merrily we roll along (Duo)

Traditional

7

Gitarre 1:

Drehe den Balanceregler deiner Stereoanlage ganz nach rechts, wenn du die 1. Stimme zur CD mitspielen möchtest. Für die 2. Stimme bitte umgekehrt!

Gitarre 2:

Gitarre 1:

Gitarre 2:

19 ... roll along (Duo)

Volker Saure

8

Gitarre 1:

Gitarre 2:

Gitarre 1:

Gitarre 2:

Hier übernimmt dein Gitarrenlehrer wieder die zweite Stimme. Du kannst sie aber auch zur CD mitspielen. Dafür drehst du mit dem Balanceregler den **rechten Stereokanal** leise.

20 ... and along (Duo)

Volker Saure

Schüler:

Lehrer:

Schüler:

Lehrer:

Schüler:

Lehrer:

Der Wechselschlag

Haltung der rechten Hand S. 13

Bis jetzt hast du die Saiten nur mit dem _Daumen_ angeschlagen. Um einstimmige Melodien zu spielen, schlagen wir die Saiten jetzt abwechselnd mit _Zeige-_ und _Mittelfinger_ an. Die Handhaltung beim **Wechselschlag** sieht genauso aus wie beim _Daumenanschlag._ Der _Daumen_ kann als Orientierungshilfe leicht auf die A- oder die E-Saite gestützt werden.

In der klassischen Technik gibt es zwei unterschiedliche Arten, eine Saite anzuschlagen:

1. den **freien Anschlag (Tirando)**, bei dem der Finger nach dem Anschlag wieder über den Saiten schwebt und
2. den **angelegten Anschlag (Apoyando)**, bei dem der Finger nach dem Anschlag kurz auf der nächsttieferen Saite liegenbleibt.

Der **freie Anschlag** ist etwas schwieriger zu erlernen, aber nur mit ihm lassen sich später auch mehrere Saiten gleichzeitig anschlagen.
Der **angelegte Anschlag** ermöglicht beim Melodiespiel einen etwas kräftigeren und wärmeren Ton.

Da beide Techniken beherrscht werden sollten, wird der Gitarrenlehrer entscheiden, mit welcher hier begonnen werden soll.

Der Wechselschlag mit Tirando

Der _Zeigefinger_ schwebt knapp über der g-Saite ③ (_Foto 1_) und schlägt sie so an (_Foto 2_), dass er sich ab dem _mittleren Fingergelenk_ ein wenig in Richtung Handinnenfläche bewegt. Dabei sollte sich der Winkel zwischen Handrücken und erstem Fingerglied nur wenig verändern, auf keinen Fall aber verflachen (_Foto 3_).

Während der _Zeigefinger_ in seine ursprüngliche Position geht, schlägt der _Mittelfinger_ die g-Saite ③ auf dieselbe Art an, dann ist wieder der _Zeigefinger_ an der Reihe.

1

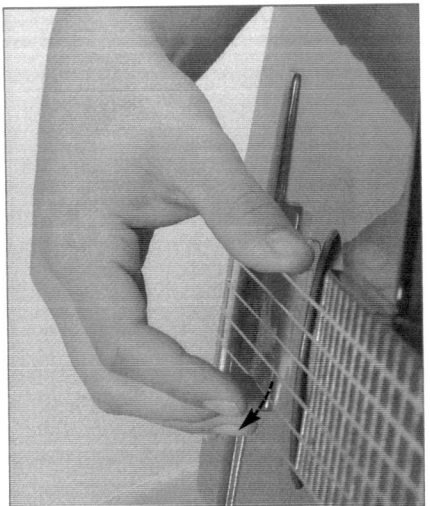

Ausholbewegung

2

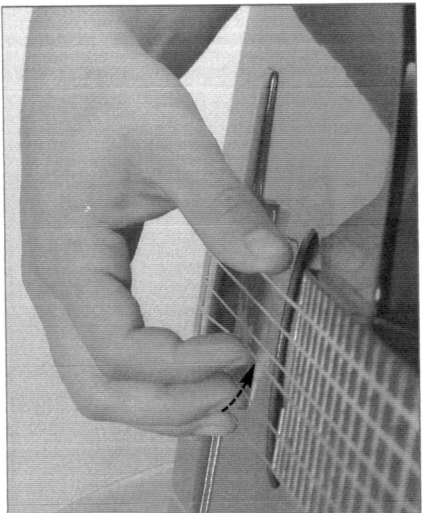

Anschlag

3

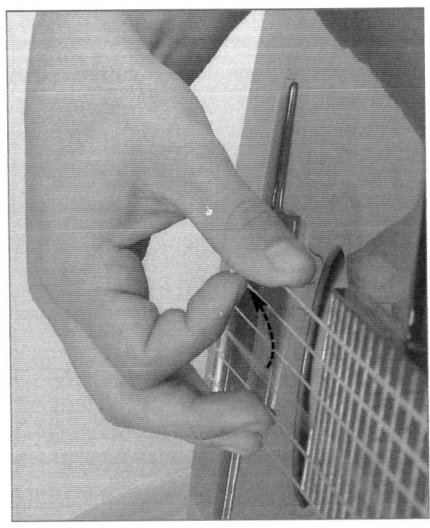

Ausschwingen

Dieser **Wechselschlag** sollte beim Melodiespiel konsequent angewendet werden. Nur so kann später ein höheres Spieltempo erreicht werden.

Der Wechselschlag mit Apoyando

Der *Zeigefinger* setzt sich auf die **g-Saite** ③ und übt leichten Druck auf sie aus (*Foto 1*). Jetzt wird der Druck in Richtung **d-Saite** ④ verstärkt, bis der *Zeigefinger* über die g-Saite rutscht und von der **d-Saite** abgebremst wird (*Foto 2*).

Während der *Zeigefinger* sich wieder bis über die g-Saite zurückbewegt, schlägt der *Mittelfinger* die g-Saite auf dieselbe Art an (*Foto 3*).

1	**2**	**3**
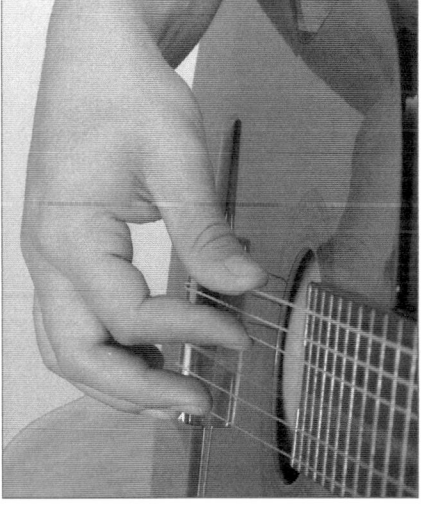		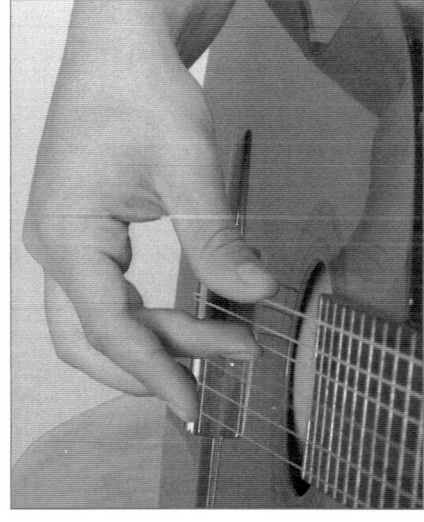
Zeigefinger schlägt an	Zeigefinger legt an d-Saite an, Mittelfinger holt aus	Mittelfinger schlägt an, Zeigefinger holt aus

Die Finger der rechten Hand werden mit Buchstaben bezeichnet. Diese Fingersätze stehen meist über oder unter einer Note.

p = *Daumen*

i = *Zeigefinger*

m = *Mittelfinger*

a = *Ringfinger*

Der *kleine Finger* kommt nur bei speziellen Anschlagtechniken zur Anwendung.

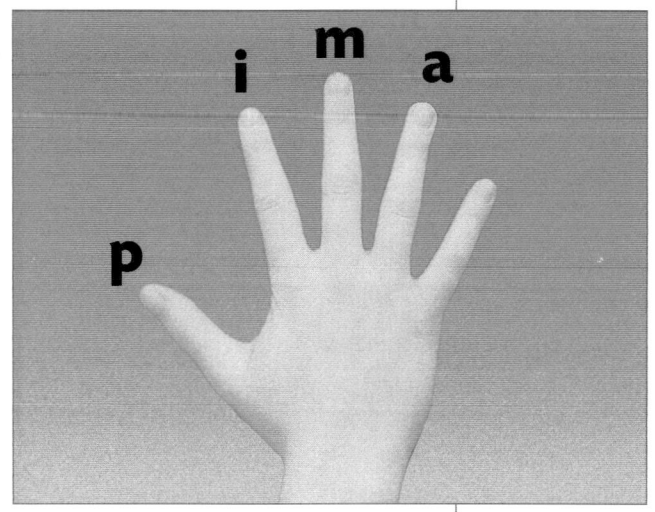

21 Übungen mit Wechselschlag

a)

b)

c)

d)

Zu dem Strich
hinter dem
Notennamen **c'**
vgl. *Lektion 4*,
S. 70.

e)

Der Ton c' auf der h-Saite

Der Ton **c'** befindet sich im **1. Bund** der **h-Saite** ② und wird mit dem *Zeigefinger* (1) gegriffen. Wir spielen weiter mit dem Wechselschlag.

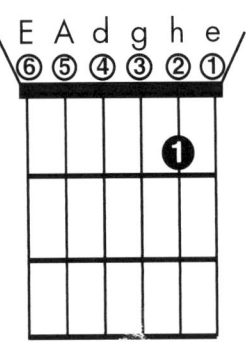

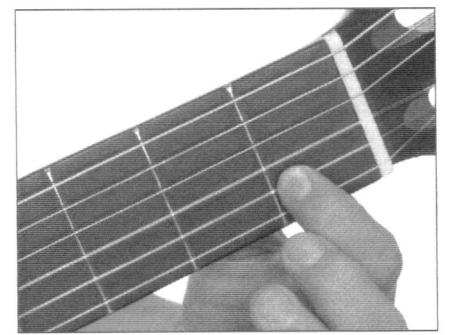

*Der Ton **c'**: Zeigefinger (1) greift auf dem 1. Bund der h-Saite ②.*

22 Übungen Ton c'

a)

b)

23 Zwei Gitarren (Duo)

Volker Saure

10

Gitarre 1:

Gitarre 2:

Gitarre 1:

Gitarre 2:

24 Saitenweise (Duo)

Volker Saure

11

Schüler:

Lehrer: G · Am · G · D

Schüler:

Lehrer: Em · Am · G · D7 · G

*Die **Buchstaben** über der Lehrerstimme sind **Akkordsymbole**. Schüler mit Kenntnissen in **Liedbegleitung** können hier schon Begleitungs-Pattern Nr. 117c anwenden (**vgl. S. 123**).*

25 Saitenklang (Duo)

Volker Saure

Schüler:

Lehrer: G

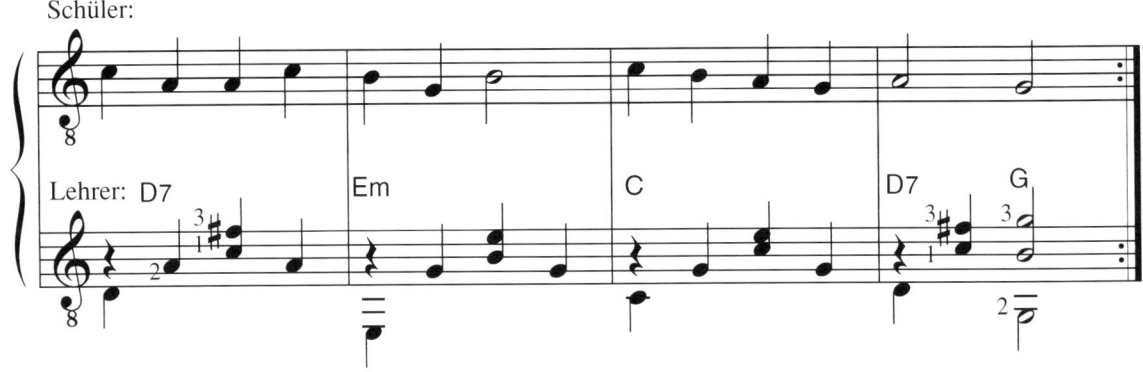

Schüler:

Lehrer: D7

Der Ton d' auf der h-Saite

Der Ton **d'** auf der **h-Saite** ② wird im **3. Bund** mit dem *Ringfinger* (3) gegriffen.

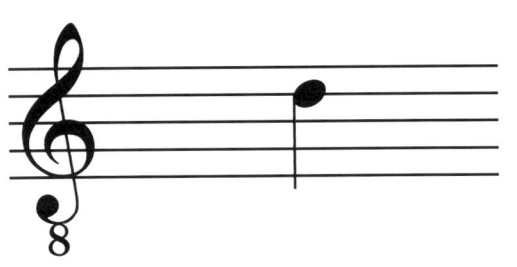

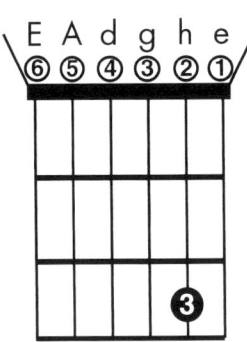

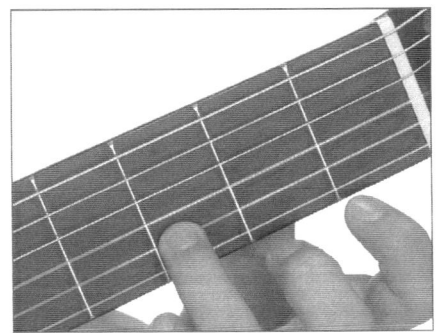

Der Ton d': Ringfinger (3) greift auf dem 3. Bund der h-Saite ②.

---

26 Übungen Ton d'

a)

b)

c)

Der Ton e' auf der e-Saite

Spielst du die **e-Saite** ① leer an, so heißt der Ton **e'**.

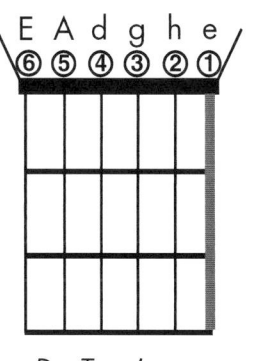

Der Ton e':
Die e-Saite ① wird leer angeschlagen.

27 Übungen Ton e'

a)

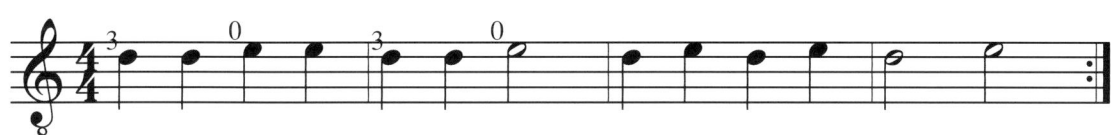

b)

c)

d)

G   D7   G

Am   G   C   D7   G

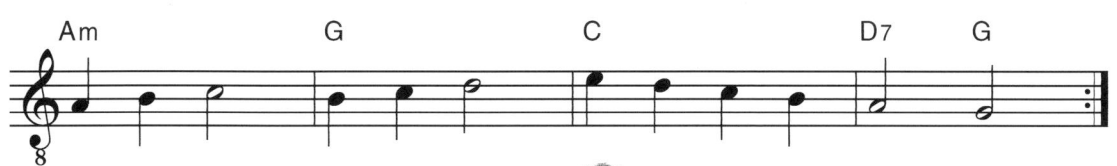

Die Buchstaben sind <u>Akkordsymbole</u> *(<u>vgl. S. 35</u>) und werden vom Lehrer gespielt.*

e)

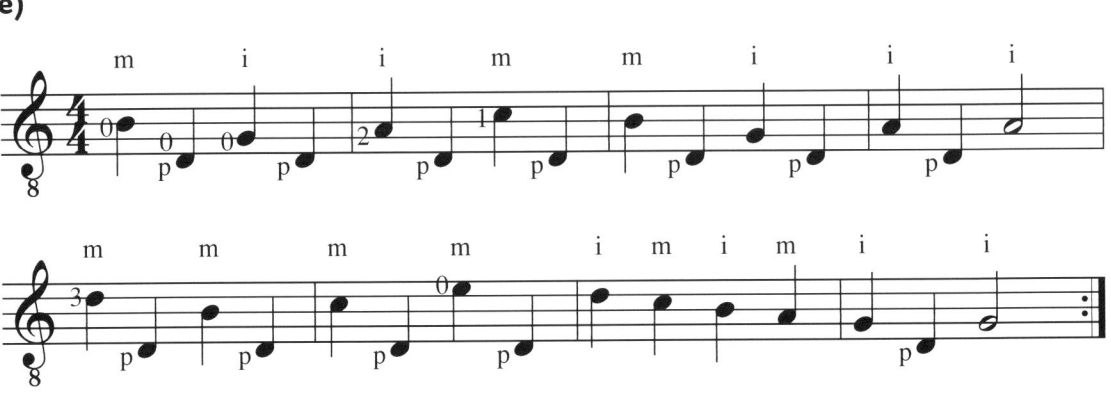

28 Auf de schwäb'sche Eisebahne

Volkslied
überliefert aus Schwaben

Auf de schwäb-sche Ei - se-bah - ne gibt's gar vie - le Halt-sta - tio - ne.
Trul - la - trul - la, trul - la - la. Trul - la - trul - la, trul - la - la.

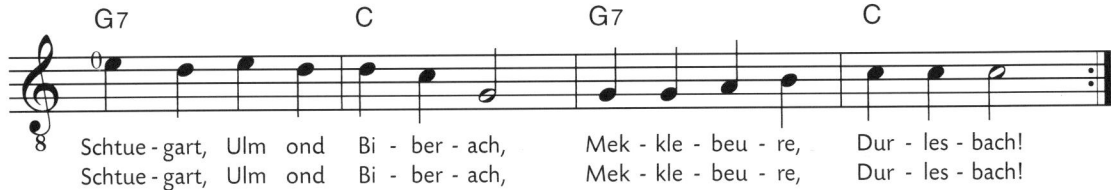

Schtue-gart, Ulm ond Bi - ber-ach, Mek - kle-beu - re, Dur - les - bach!
Schtue-gart, Ulm ond Bi - ber-ach, Mek - kle-beu - re, Dur - les - bach!

29 Abschied (Duo)

Volker Saure

Schüler:

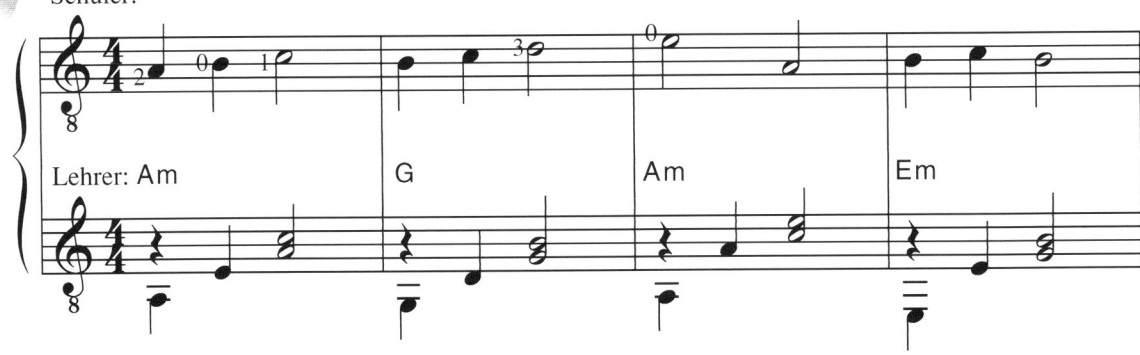

Lehrer: Am   G   Am   Em

Schüler:

Lehrer: C   G   Am   G   Am

30 Jingle Bells

Traditional aus Nordamerika

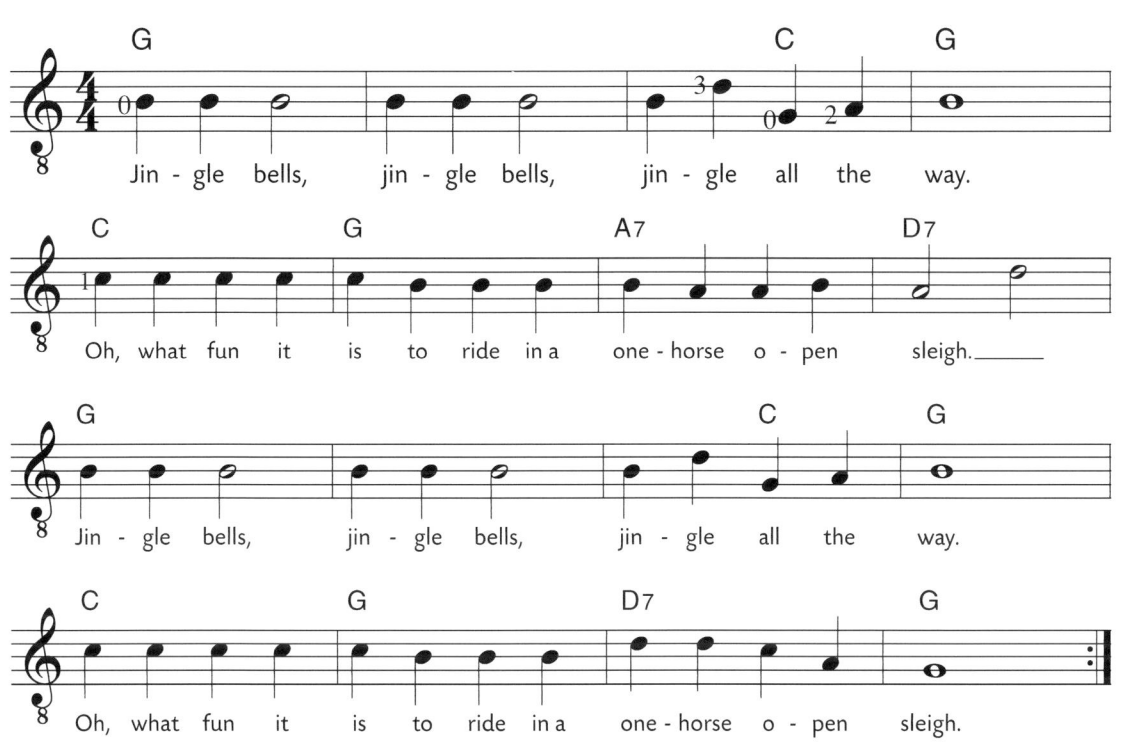

Jin - gle bells, jin - gle bells, jin - gle all the way.

Oh, what fun it is to ride in a one - horse o - pen sleigh.____

Jin - gle bells, jin - gle bells, jin - gle all the way.

Oh, what fun it is to ride in a one - horse o - pen sleigh.

Der Ton f' auf der e-Saite

Der Ton **f'** wird auf dem **1. Bund der e-Saite** ① mit dem *Zeigefinger* (1) gegriffen.

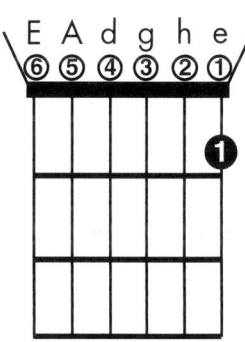

Der Ton f': Zeigefinger (1) greift auf dem 1. Bund der e-Saite ①.

31 Übungen Ton f'

a)

b)

Der Ton g' auf der e-Saite

Der Ton **g'** wird auf dem **3. Bund der e-Saite**
① mit dem *Ringfinger* (3) gegriffen.

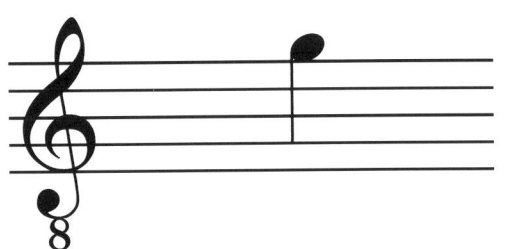

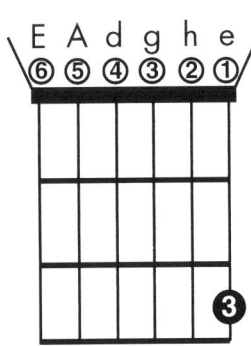

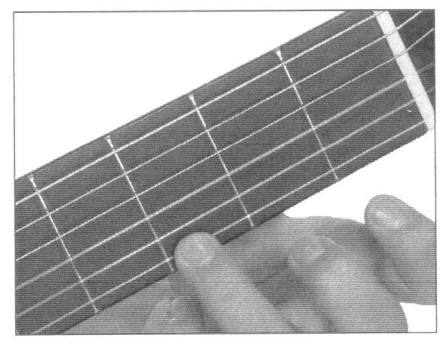

*Der Ton **g'**: Ringfinger (3) greift auf dem 3. Bund der e-Saite ①.*

32 Übungen Ton g'

Kapodaster, S. 8
Konzertgitarre
S. 7

Für die folgenden Übungen kann bei kleinen Händen auch der <u>Kapodaster</u> auf den höhe-
ren Bünden eingesetzt werden. Er funktioniert wie ein *verschiebbarer* <u>Sattel</u>.

*Bis zum Ende
von Takt 2 sollte
in Übung d und
in ähnlichen
Übungen der
**Zeigefinger (1)
liegen gelassen**
werden. Das ist
anfangs etwas
unbequem, spart
aber unnötige
Bewegungen und
trainiert die
Spreizfähigkeit
der Finger.*

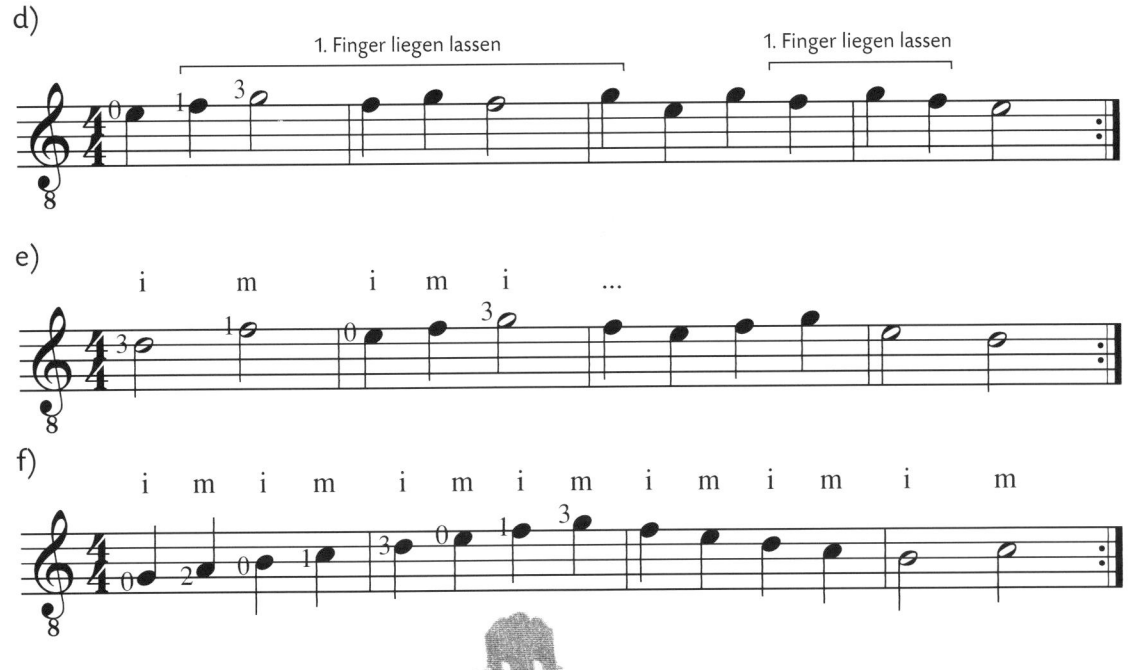

33 Sur le Pont d'Avignon

Volkslied
überliefert aus Frankreich

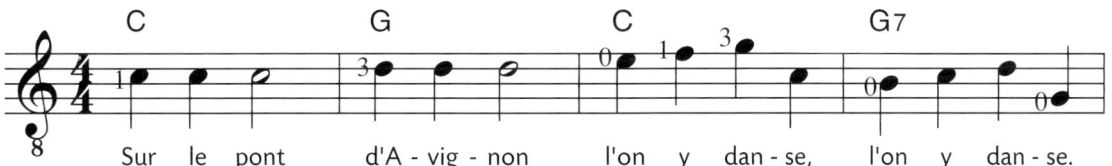

Sur le pont d'A - vig - non l'on y dan - se, l'on y dan - se.

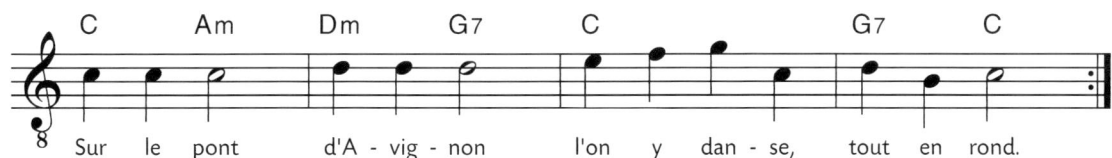

Sur le pont d'A - vig - non l'on y dan - se, tout en rond.

Der Auftakt

Manche Stücke fangen mit einem unvollständigen Takt an. Im folgenden Stück ist der erste Takt z.B. nur eine Viertel lang. Die fehlenden drei Viertel sind im letzten Takt zu finden.

Der Auftakt

Der Auftakt ist ein unvollständiger Takt am Anfang einer Melodie. Dieser Takt enthält weniger Notenwerte als die Taktart am Anfang der Notenzeile vorgibt.

Man kann es auch anders sehen:
Der letzte Takt geht nur bis zur dritten Viertel, bei der Wiederholung steht die letzte Viertel am Anfang des Stückes. Deshalb wird sie auch als „4" gezählt.

34 Auftakt-Duo

Volker Saure

Auf der CD hörst du drei Clicks als Vorzähler. Du beginnst auf der „4".

14

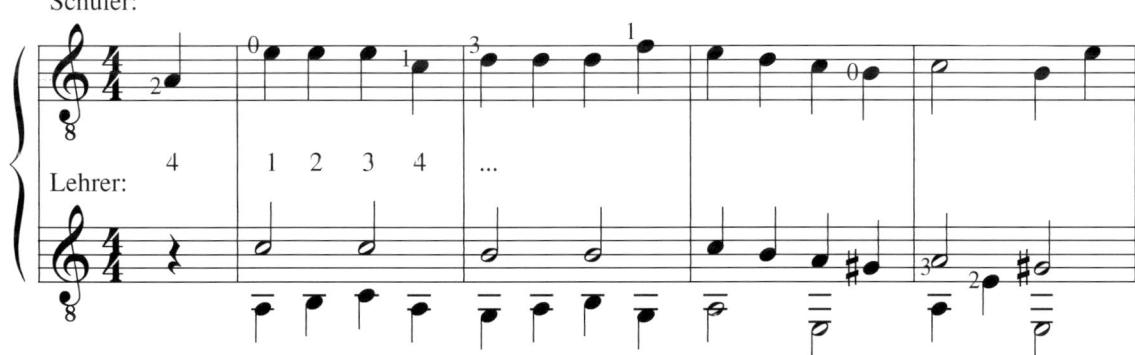

Viertel und Halbe Pause

In der Musik gibt es Momente, in denen das Instrument oder die Stimme still sein sollen. Auch dafür gibt es Zeichen.

Die Viertel Pause	Die Halbe Pause
𝄽 = ♩	▬ = 𝅗𝅥
Die **Viertel Pause** dauert genauso lang wie die Viertel Note!	Die **Halbe Pause** dauert genauso lang wie die Halbe Note!

Übung 39d,
S. 48

Um eine Pause auf einer klingenden Saite zu erreichen, muss sie abgedämpft werden. Dafür setzt du den Finger, der im Wechselschlag als nächster an der Reihe ist, auf die abzudämpfende Saite. Dieser Finger schlägt auch den nächsten Ton an (*vgl. Übung 39 d*).

35 Übungen Viertel Pause

(i) =
Zeigefinger
dämpft ab!
(m) =
Mittelfinger
dämpft ab!

a)

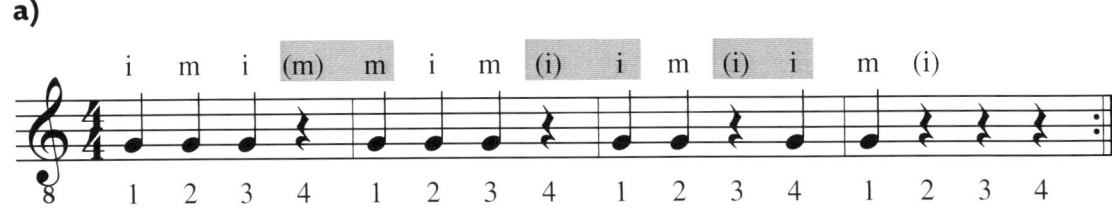

b)

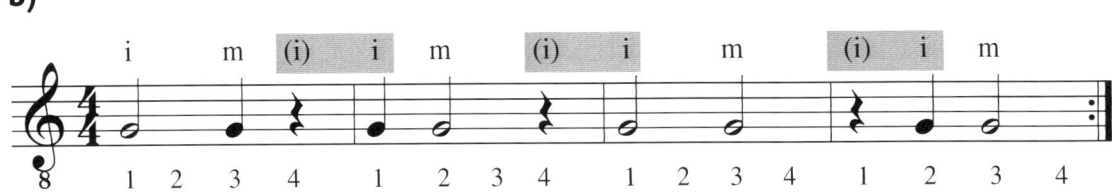

36 Übungen Viertel und Halbe Pausen

a)

b)

c)

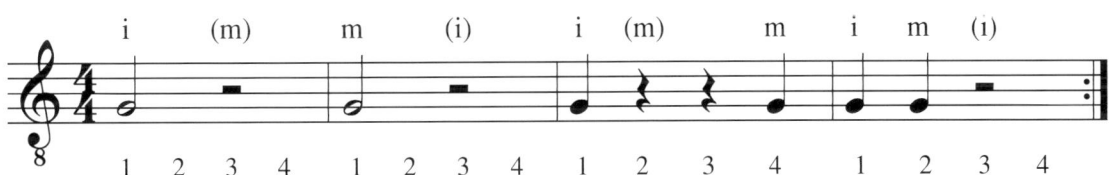

d)

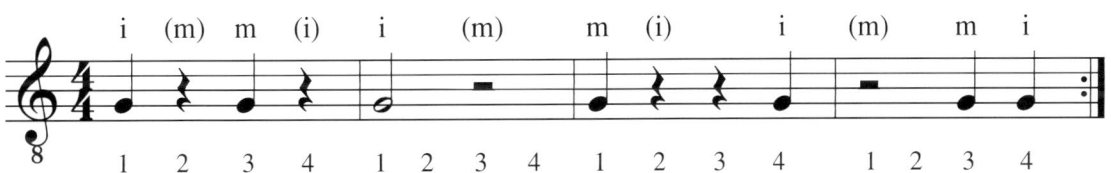

37 Der Mond ist aufgegangen

Text: Matthias Claudius (1740 - 1815)
Musik: Johann Abraham Peter Schulz (1747 - 1800)

Der Mond ist auf - ge - gan - gen, die gold'-nen Stern-lein pran - gen am

Him - mel hell und klar. Der Wald steht schwarz und schwei - get, und

aus den Wie - sen stei - get der wei - ße Ne - bel wun - der - bar.

*Vorsicht,
Auftakt,
S. 41*

38 Oh When the Saints (Duo)

Traditional aus Nordamerika

CD:
Ein ganzer **15** Takt im
Vorzähler.
Danach beginnst
du auf Zählzeit
„2", also nach
dem fünften
Click.

Schüler:

Lehrer:

Oh when the Saints   go mar - chin' in,

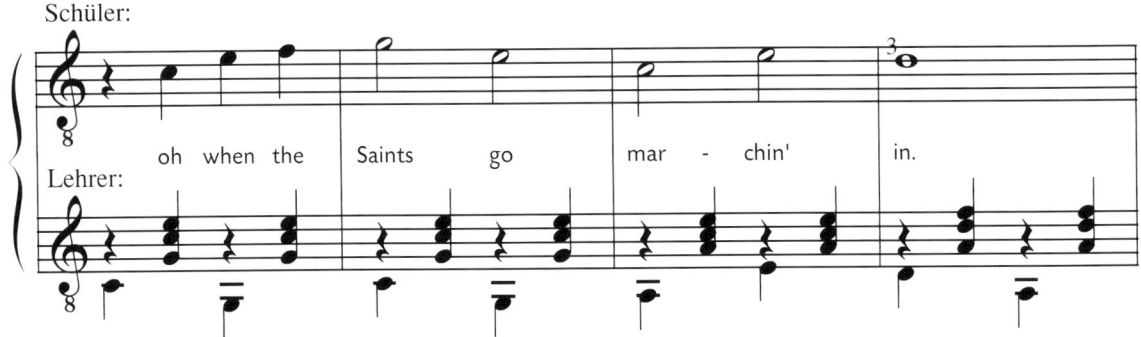

Schüler:

Lehrer:

oh when the Saints go mar - chin' in.

Schüler:

Lehrer:

How I want to be in that num - ber.

Schüler:

Lehrer:

When the Saints go mar - chin' in.

Lektion

Das lernst du:

Der 3/4-Takt

Die Achtel Note

Der Pizzarand

Die Achtel Note

Das „Pizza-Prinzip" funktioniert natürlich auch bei einer **Achtel-Umkreisung**. Der Ton klingt dann nur **ein Achtel so lang** wie bei einer ganzen Umkreisung. Daher auch der Name: **Achtel** bzw. **Achtel Note**.

Achtel, die zwischen den Viertel-Zählzeiten liegen, werden mit „**und**" bezeichnet. Eine Achtel kann also sowohl auf einer Viertel-Zählzeit (1, 2, 3, 4) liegen als auch dazwischen auf einem „**und**".

Im **Notenbild** sehen Achtel Note und Achtel Pause so aus:

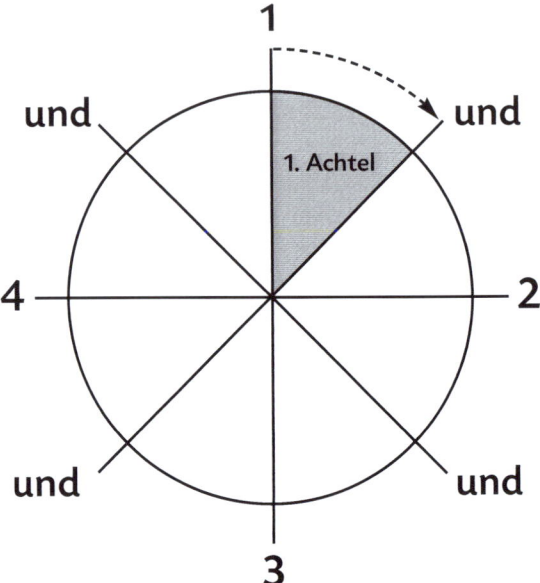

Die Achtel Note	Die Achtel Pause
 Notenkopf → ● ← Fähnchen	
2 Achtel = 1 Viertel	2 Achtel Pausen = 1 Viertel Pause
4 Achtel = 1 Halbe	4 Achtel Pausen = 1 Halbe Pause
8 Achtel = 1 Ganze	8 Achtel Pausen = 1 Ganze Pause

Zwei oder mehr als zwei Achtel werden meist mit einem **Balken** verbunden, der das Fähnchen ersetzt:

$$\text{♪} + \text{♪} = \text{♫}$$

Nacheinander gespielt klingen zwei Achtel genau so lang wie eine Viertel. Achtel werden also **zwei Mal** (doppelt) so schnell gespielt:

$$\text{♪} + \text{♪} \quad \text{oder} \quad \text{♫} = \text{♩}$$

Der Pizzarand

Wenn wir den Rand unserer Pizza abschneiden und zu einem **geraden Teigstreifen** ausrollen, erhalten wir ein Bild, das einem Takt ähnlich sieht. Diese Art der Darstellung hat den Vorteil, dass man mit Hilfe des **Pfeils** ganz genau sieht, **wo ein Ton anfängt und bis wann er klingt**!

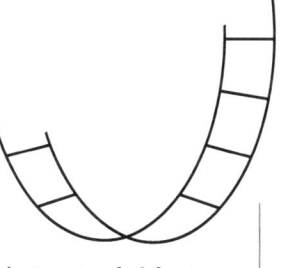

Hier sind eine Ganze, zwei Halbe, vier Viertel und acht Achtel Noten als **Notenbild** wie auch als **Pizzarand** dargestellt:

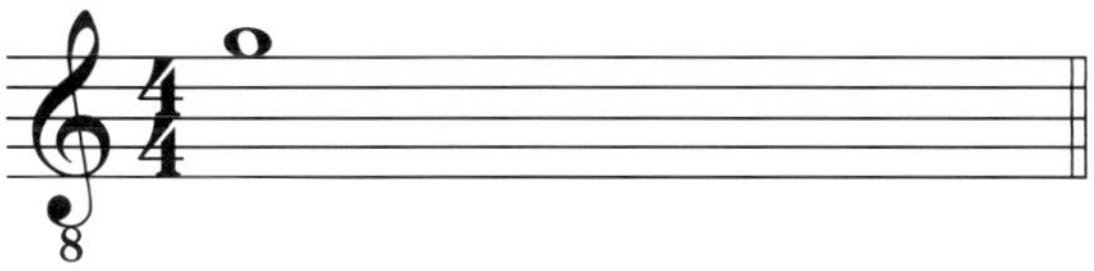

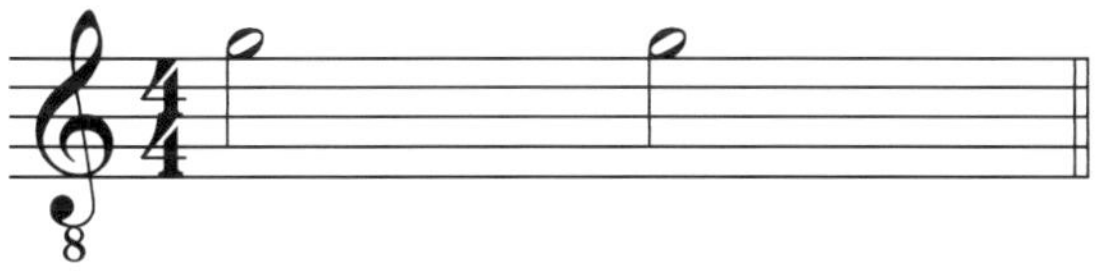

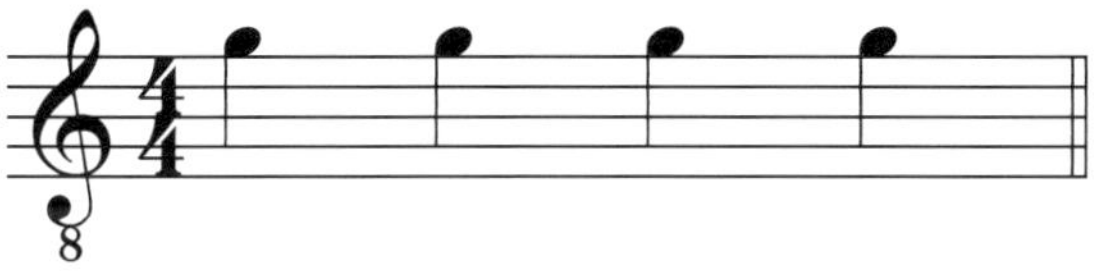

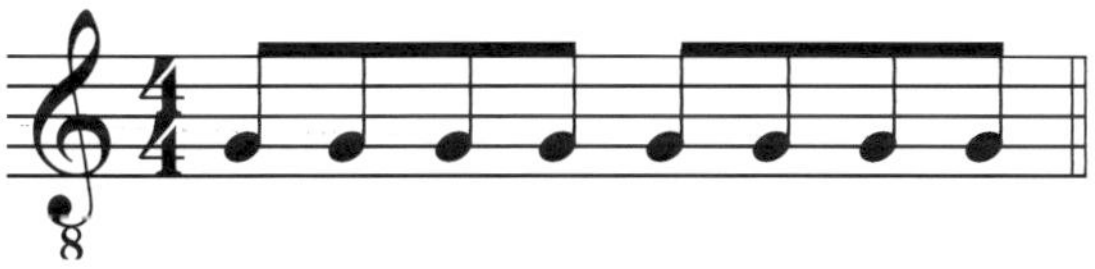

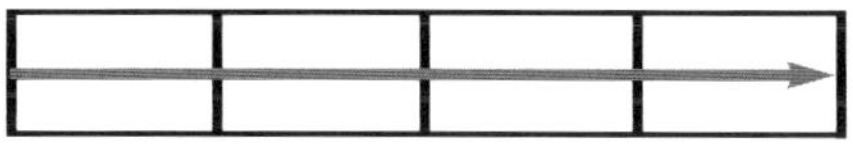

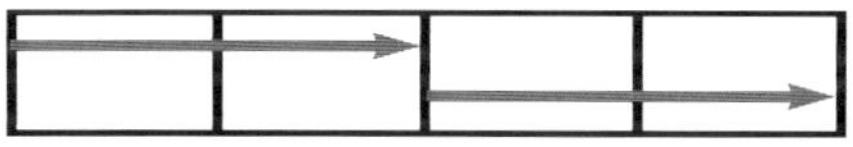

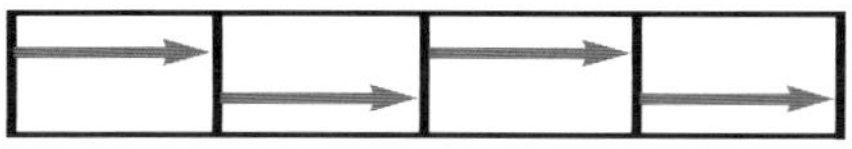

Notenbild

1 2 3 4

1 2 3 4

1 2 3 4

1 und 2 und 3 und 4 und

Pizzarand

1 2 3 4 1

1 2 3 4 1

1 2 3 4 1

1 und 2 und 3 und 4 und 1

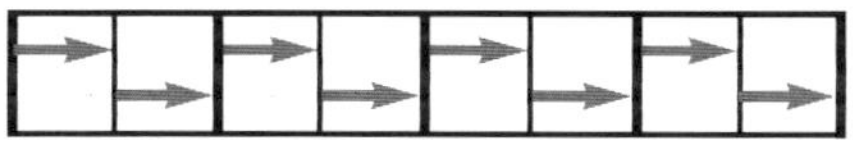

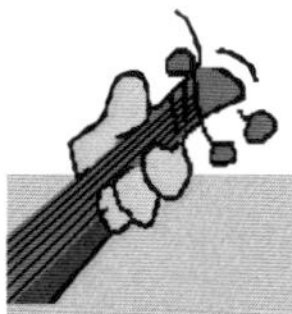

Trage die Notendauer als Pfeile in den leeren Pizzarand ein, schreibe dann die Zählzeiten über die Noten und spiele!

1 und 2 und 3 und 4 und 1 und 2 und 3 und 4 und 1

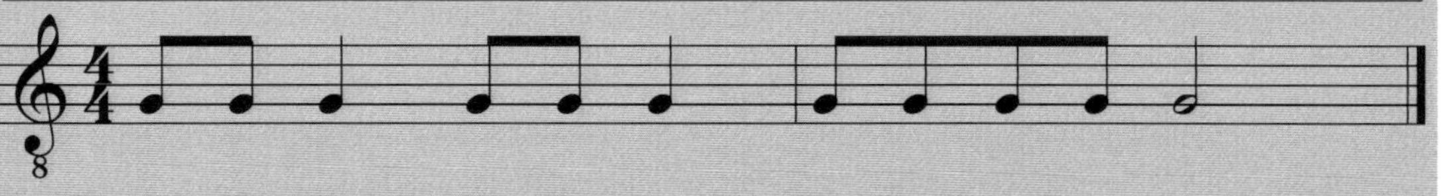

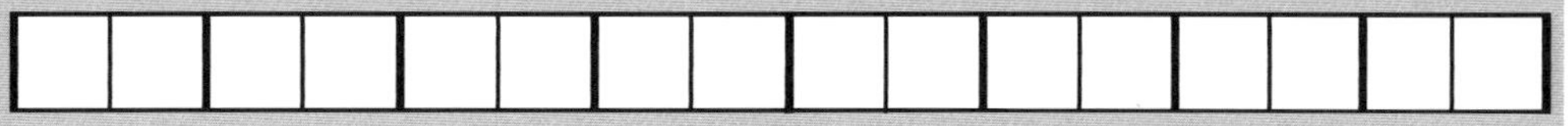

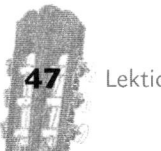

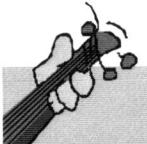

Tipp:

▸ *Am besten ist es, das Achteltempo immer laut durchzuzählen, auch wenn auf einzelnen Achtel-Zählzeiten schon mal kein Ton liegt. Das erleichtert es, die einmal gewählte Geschwindigkeit eines Stückes gleichmäßig beizubehalten.*

16

39 Übungen mit Achtel Noten

a)

b)

c)

Übung 35,
S. 42!

Anders als auf Seite 42, Übung 35) gilt für die folgende Übung 39d):

Folgt auf eine Pause (bzw. auf einen abgedämpften Ton) ein Ton auf einer anderen Saite, wird er mit dem nächsten Finger in der Wechselschlagfolge angeschlagen!

Konkret: Hast du die Saite mit dem Mittelfinger abgedämpft, um eine Pause zu erzeugen, dann schlägt der Zeigefinger den folgenden Ton an, sofern dieser Ton auf einer anderen Saite liegt als der vorangegangene.

d)

40 Auf der Mauer

Spaßlied (überliefert)

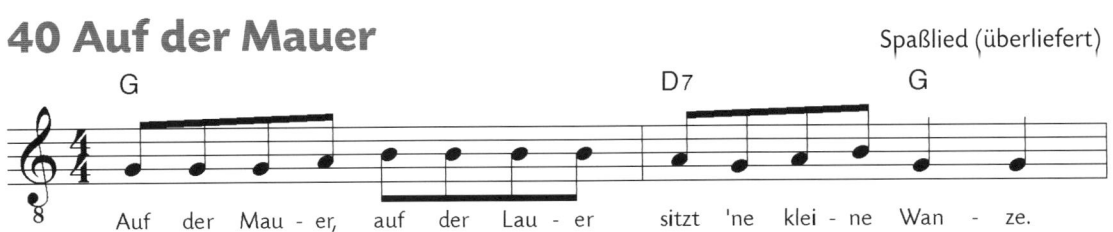

Auf der Lau - er, auf der Mau - er sitzt 'ne klei - ne Wan - ze.

Schau dir mal die Wan - ze an, wie die Wan - ze tan - zen kann.

Auf der Mau - er, auf der Lau - er sitzt 'ne klei - ne Wan - ze.

41 Bourrée (Duo)

Johann Phillip Krieger (1649 - 1729)

CD:
Drei Clicks im Vorzähler. Du beginnst auf Zählzeit „4".
17

Schüler:

Lehrer:

Manchmal trennt ein *Doppelbalken mit Wiederholungszeichen* das Stück in zwei Teile. Hier wird der zweite Teil wiederholt.

Der $\frac{3}{4}$-Takt

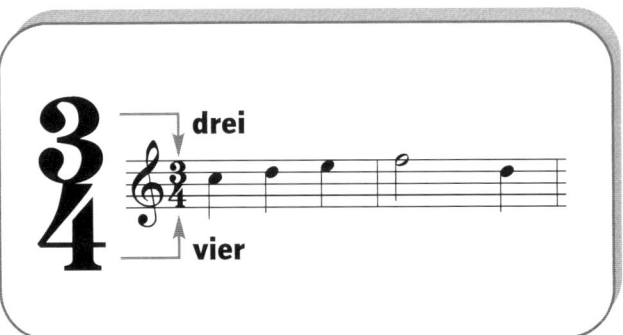

Der $\frac{3}{4}$-Takt gehört zu den ungeraden Taktarten. Er enthält drei gleich lange Viertelschläge pro Takt. Der **Walzer** ist die bekannteste Form des $\frac{3}{4}$-Takts.

Das Zählen im $\frac{3}{4}$-Takt

Auch in einem $\frac{3}{4}$-Takt können verschiedene Notenwerte stehen (Viertel, Achtel usw.). Zusammengezählt ergeben sie immer die Dauer von drei Vierteln:

1 und 2 und 3 und | **1 und 2 und 3 und** usw.

Das Zählen im $\frac{3}{4}$-Takt geht also genauso wie im $\frac{4}{4}$-Takt. Es wird lediglich bis „**3**" gezählt anstatt bis „**4**"!

42 Weißt du wieviel Sternlein stehen?

Volkslied
(überliefert)

Der Ton e auf der d-Saite

Der Ton **e** wird mit dem *Mittelfinger* (2) im **2. Bund** auf **der d-Saite** ④ gegriffen.

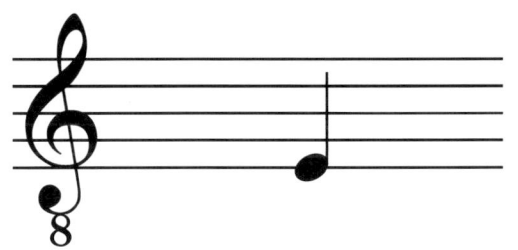

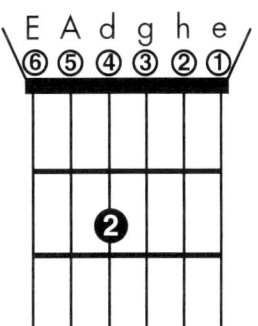

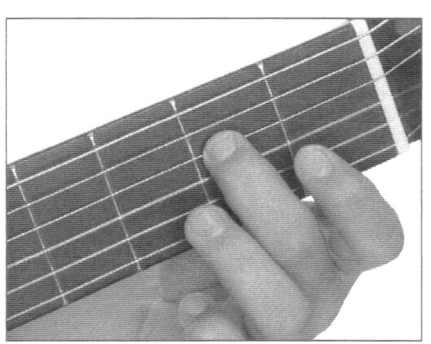

Der Ton e: Mittelfinger (2) greift im 2. Bund der d-Saite ④.

43 Übungen Ton e

a)

b)

Der Ton f auf der d-Saite

Der Ton **f** wird mit dem *Ringfinger* (3) im **3. Bund** auf **der d-Saite** ④ gegriffen.

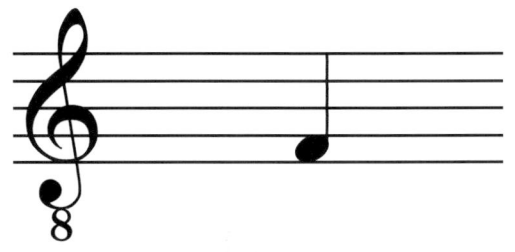

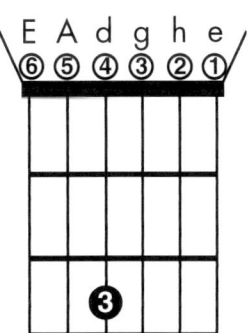

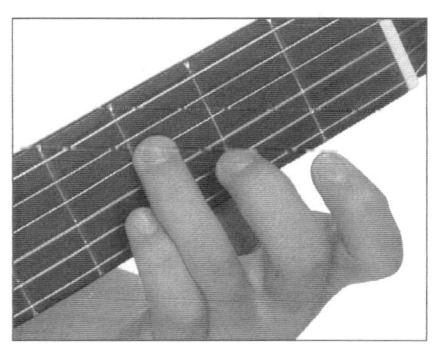

Der Ton f: Ringfinger (3) greift im 3. Bund der d-Saite ④.

44 Übungen Ton f

a)

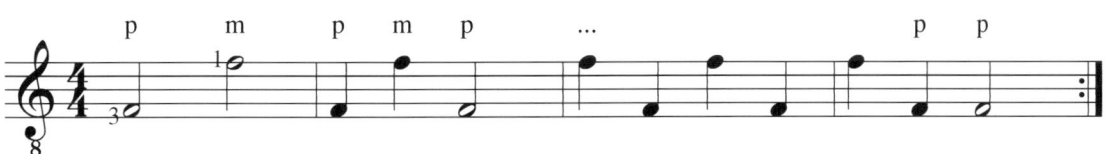

b)

Spiele die folgenden Übungen sowohl mit *Daumenanschlag* als auch mit **Wechselschlag!**

c)

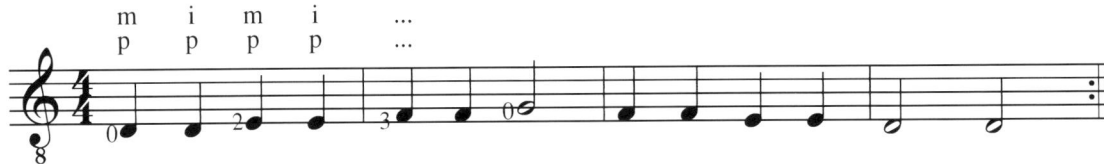

d)

e)

CD:
*Ein ganzer
Takt im* **18**
*Vorzähler.
Danach beginnst
du auf Zählzeit
„3" nach dem
fünften Click.*

45 The Ash Grove (Duo)

Traditional aus England

Schüler:

Lehrer:

46 Immer im Fluss (Duo)

Volker Saure

Schüler:

Lehrer:

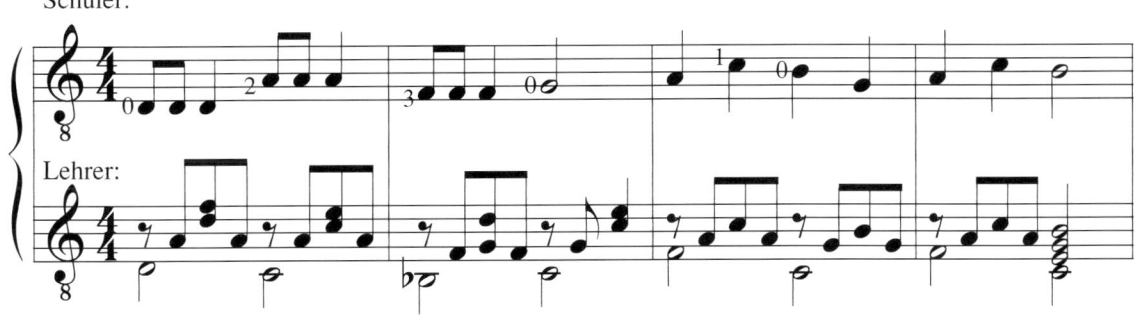

47 Auf dem Weg (Duo)

Volker Saure

Schüler:

Lehrer:

48 Bourrée (Duo)

Graf Bergen (18. Jahrhundert)

Schüler:

Lehrer:

Manchmal trennt ein *Doppelbalken mit Wiederholungszeichen* das Stück in zwei Teile. Hier wird erst der erste Teil und danach der zweite Teil zwei Mal gespielt.

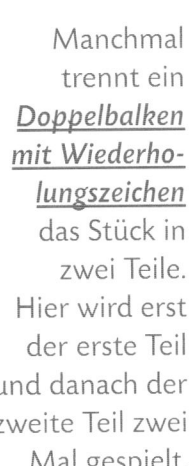

Lektion 4

Das lernst du:

Punktierte Halbe

Punktierte Viertel

Der Haltebogen

Die Oktaven

Die Punktierte Halbe

Ein Punkt hinter einer Note verlängert diese um die **Hälfte ihres Wertes**. Diese Regel gilt für jeden Notenwert, dessen Notenkopf ein Punkt hinzugefügt wurde.

Für die **Punktierte Halbe Note** heißt das: **Eine Halbe** klingt so lang wie **zwei Viertel**. Bei einer **punktierten Halbe** kommt noch einmal die Hälfte dazu, also **zwei Viertel plus** ein Viertel. Damit beträgt die Länge jetzt **drei Viertel**. Dies gilt sowohl für die Note als auch für das Pausenzeichen:

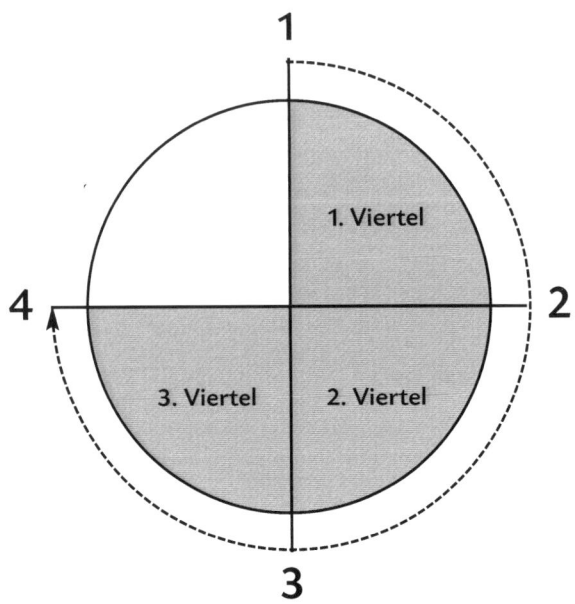

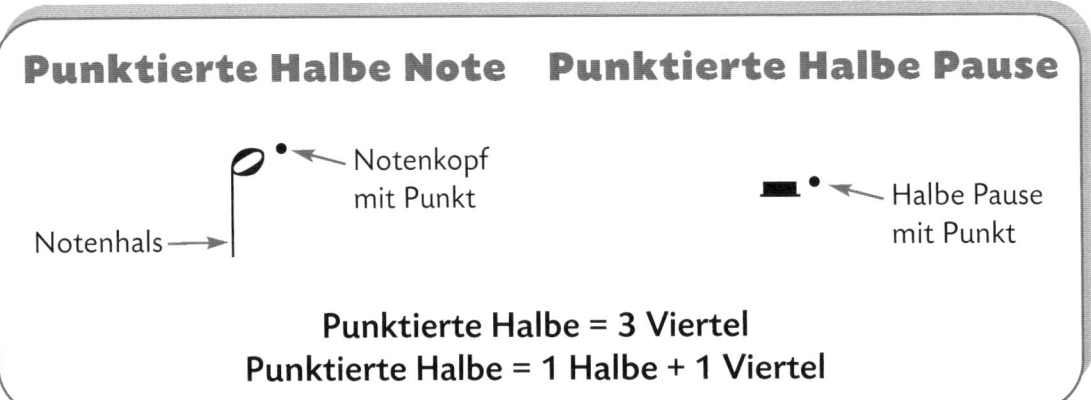

Eine punktierte Halbe klingt also genau so lang wie drei Viertel.

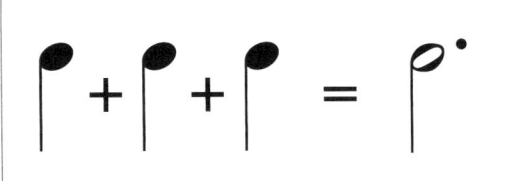

Die Punktierte Halbe als Pizzarand

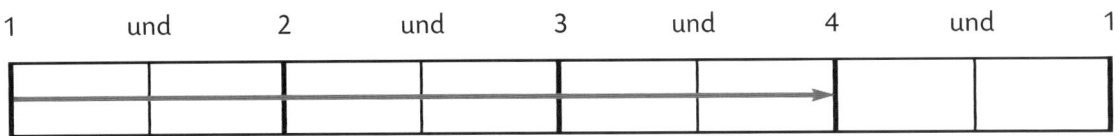

49 Übungen mit Punktierten Halben (mit Pizzarand)

a)

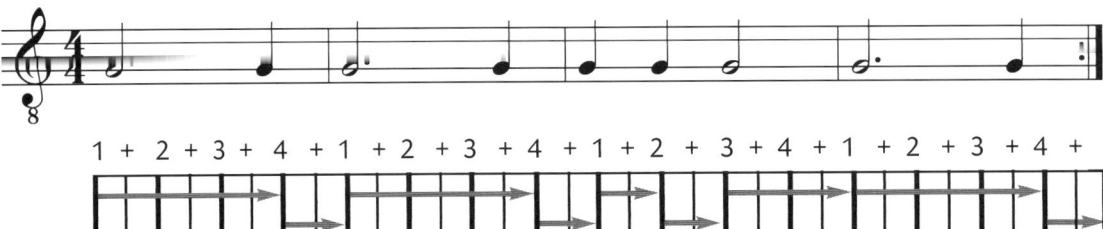

b)

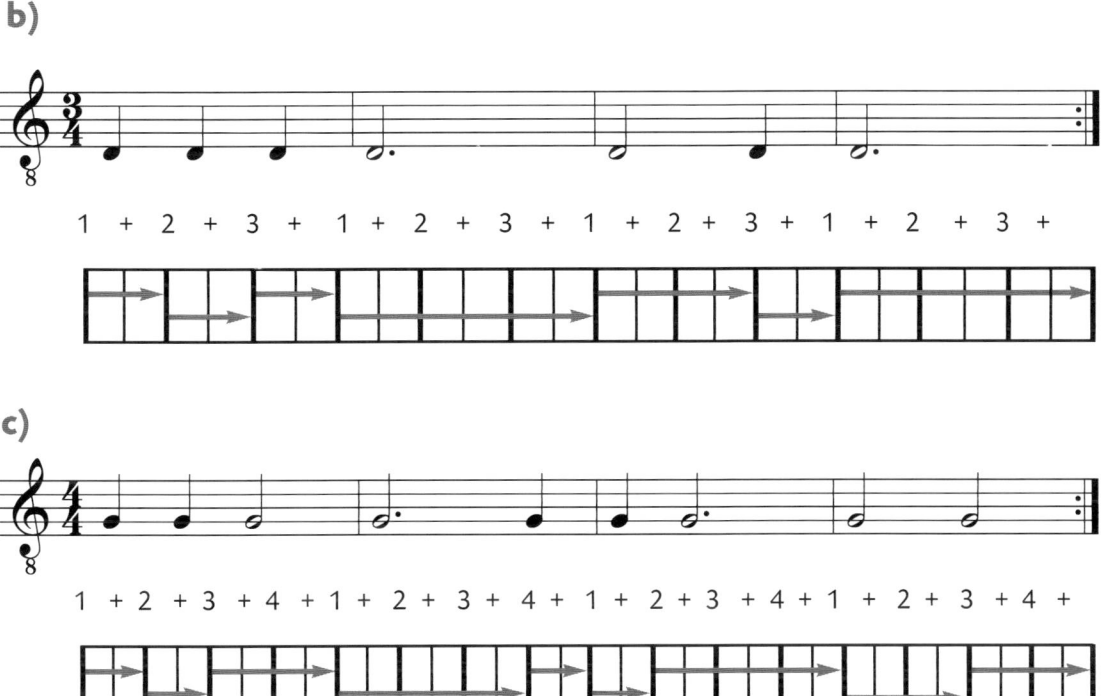

```
1  +  2  +  3  +  1  +  2  +  3  +  1  +  2  +  3  +  1  +  2  +  3  +
```

c)

```
1  +  2  +  3  +  4  +  1  +  2  +  3  +  4  +  1  +  2  +  3  +  4  +  1  +  2  +  3  +  4  +
```

Die Punktierte Viertel

Eine **Viertel** klingt so lang wie **zwei Achtel**. Bei einer **punktierten Viertel** kommt noch einmal die Hälfte dazu, also **ein Achtel**. Damit beträgt die Länge jetzt **drei Achtel**. Das musikalische Zeichen und das entsprechende Pausenzeichen sehen so aus:

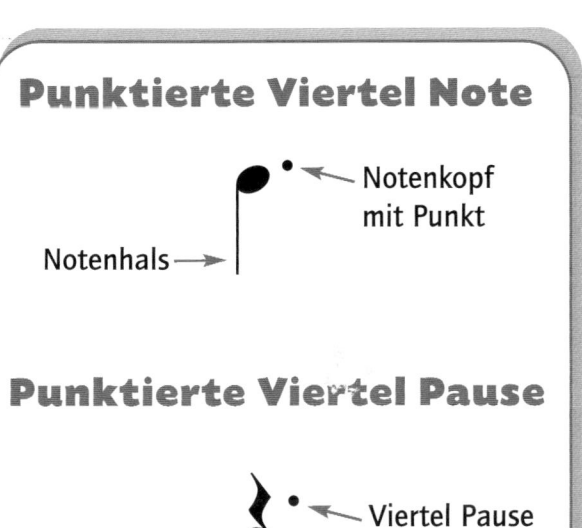

Punktierte Viertel Note

Notenhals →

← Notenkopf mit Punkt

Punktierte Viertel Pause

← Viertel Pause mit Punkt

Punktierte Viertel = 3 Achtel
Punktierte Viertel = Viertel + Achtel

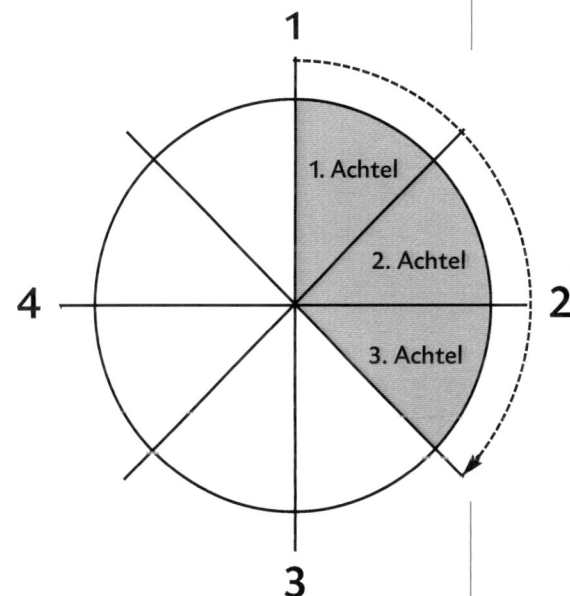

Eine **punktierte Viertel** klingt genau so lang wie **drei Achtel**,

$$ \text{♩} + \text{♪} + \text{♪} = \text{♩.} $$

Die Punktierte Viertel als Pizzarand

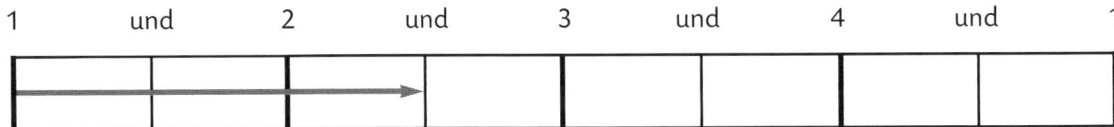

50 Übungen mit Punktierten Vierteln (mit Pizzarand)

a)

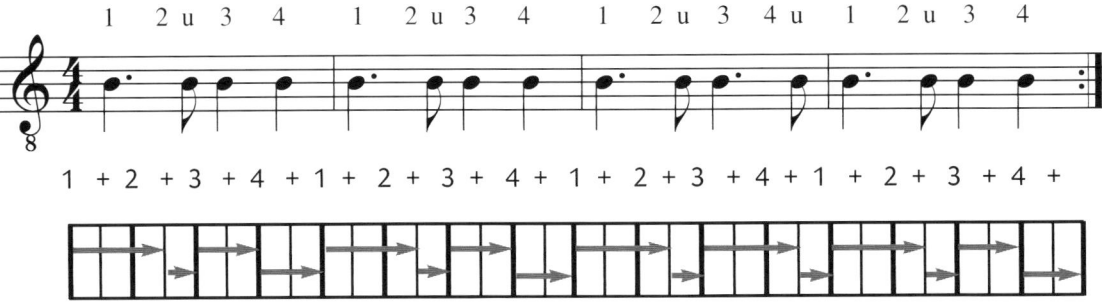

b)

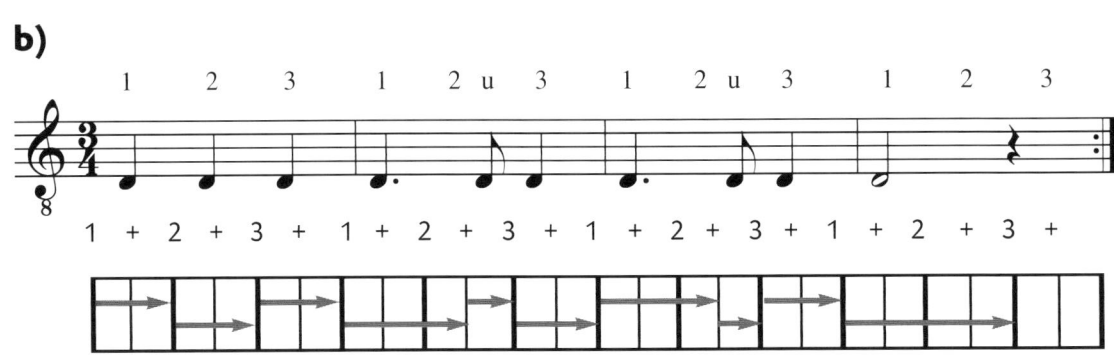

Ob die Achtel mit Fähnchen oder Balken dargestellt werden, macht auch hier keinen Unterschied in der Spielweise aus.

c)

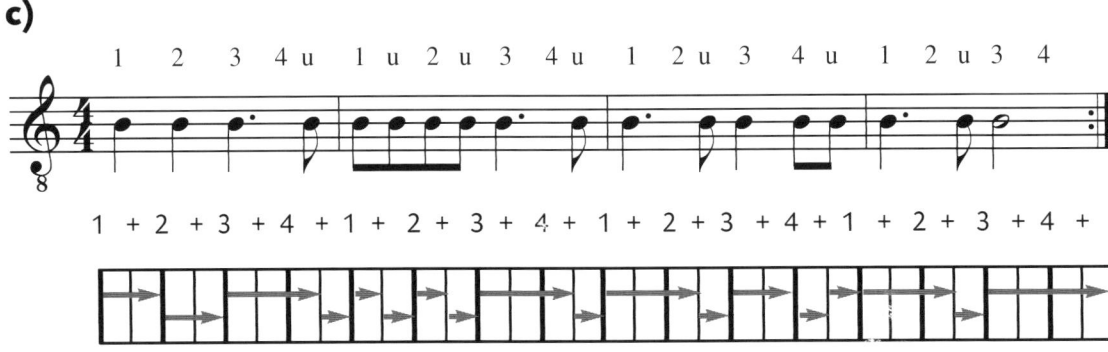

Pizzaränder zum Ausfüllen, S. 139 - 140!

Für weitere Übungen und zum Ausprobieren stehen ab S. 139 Kopiervorlagen der *Pizzaränder zum Ausfüllen* zur Verfügung.

✏ *Trage die Zählzeiten im folgenden Duo ein!*

51 Ausgang (Duo)

Volker Saure

Gitarre 1:

Gitarre 2:

21

52 Es war ein König in Thule (Duo)

Melodie: Karl Friedrich Zelter (1811)
Text: Johann Wolfgang von Goethe (1774)

22 CD:
*Ein ganzer
Takt im
Vorzähler.
Danach beginnst
du auf der
Zählzeit „3",
also nach dem
fünften Click.*

Schüler:

1. Es war ein Kö - nig in Thu - le ge - treu bis
2. Es ging ihm nichts da - rü - ber, er leert ihn

Lehrer:

an - den - Grab, dem ster - bend sei - ne
je - den Schmaus. Die Au - gen gingen ihm

Buh - le ein gold - nen Be - cher gab.
ü - ber, so oft er trank da - raus.

53 Freude schöner Götterfunken (Duo)

Ludwig van Beethoven (1770 - 1827)

23

Schüler:

Lehrer:

Freu - de schö - ner Göt - ter - fun - ken, Toch - ter aus E - ly - si - um,

wir be - tre - ten feu - er - trun - ken, Himm - li - sche, dein Hei - lig - tum!

Dei - ne Zau - ber bin - den wie - der,

was die Mo - de streng ge - teilt.

Al - le Men - schen wer - den Brü - der, wo dein sanf - ter Flü - gel weilt.

54 The Spanish Lady

Traditional aus Irland

As I went out to - Dub-lin ci - ty at the hour of twelve at night,

who should I see but the Spa-nish La - dy, wash-ing her feet by can-dle light.

First she washed them, then she dried them, o-ver a fire of am-ber coal, in

all my life I ne'er did see a - maid so sweet a-bout the soul.

*Schüler mit Kenntnissen in **Liedbegleitung** können hier schon Begleitungs-Pattern Nr. 117c) anwenden (vgl. S. 123/125).*

Der Ton A

Spielst du die A-Saite ⑤ leer an, dann erklingt der Ton **A**.

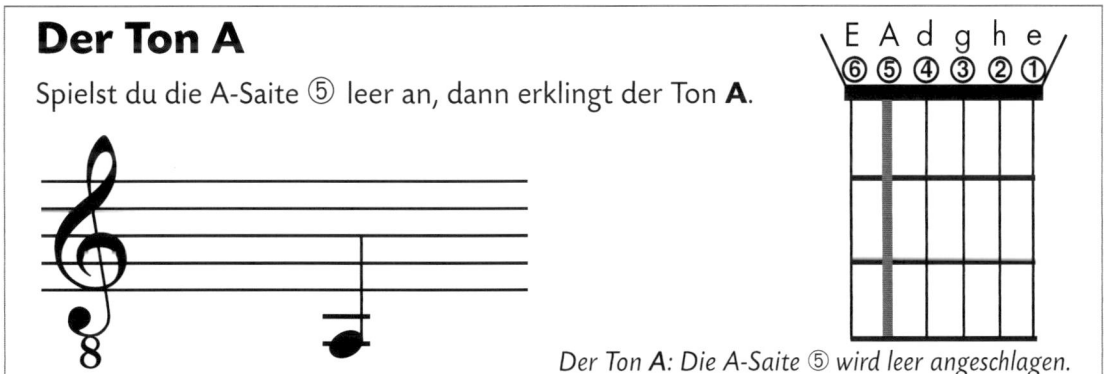

Der Ton A: Die A-Saite ⑤ wird leer angeschlagen.

55 Übungen Ton A

a)

m i p p m p i p m p i p m

b)

p p p p ...

Der Ton H auf der A-Saite

Der Ton **H** wird mit dem *Mittelfinger* (2) im
2. Bund auf **der A-Saite** ⑤ gegriffen.

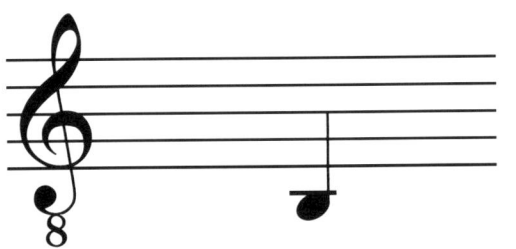

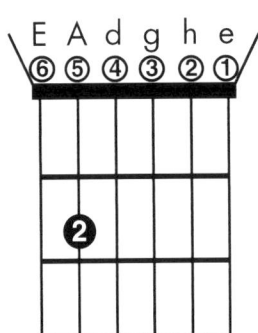

*Der Ton **H**: Mittelfinger (2) greift im 2. Bund der A-Saite ⑤.*

56 Übungen Ton H

a)

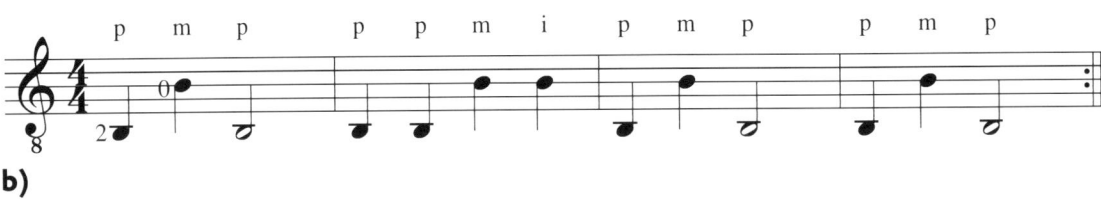

b)

Der Ton C auf der A-Saite

Der Ton **C** wird mit dem *Ringfinger* (3) im
3. Bund auf **der A-Saite** ⑤ gegriffen.

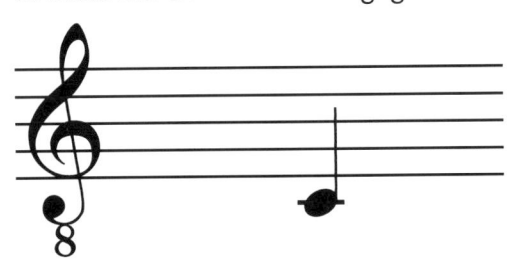

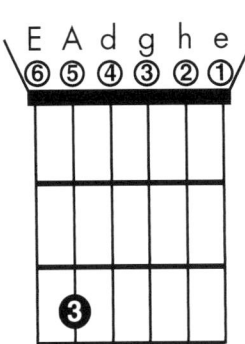

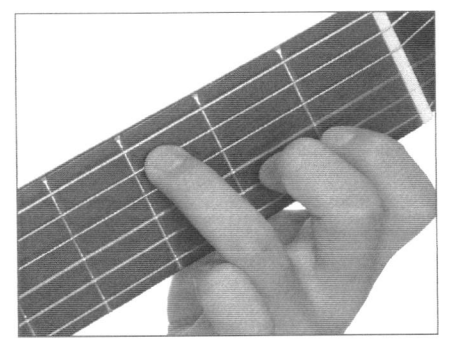

*Der Ton **C**: Ringfinger (3) greift im 3. Bund der A-Saite ⑤.*

57 Übungen Ton „C"

a)

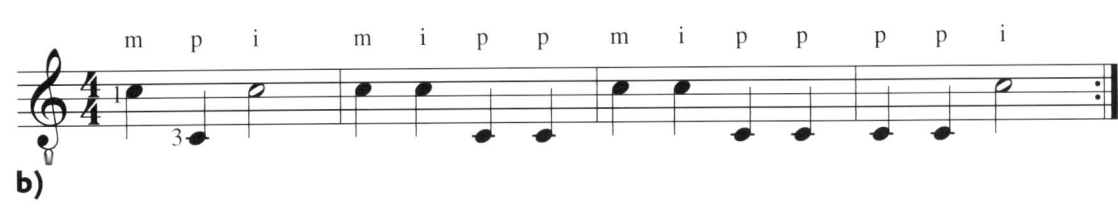

b)

c)

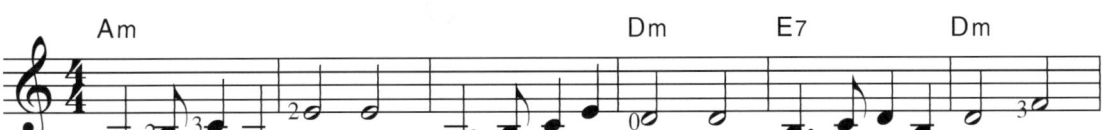

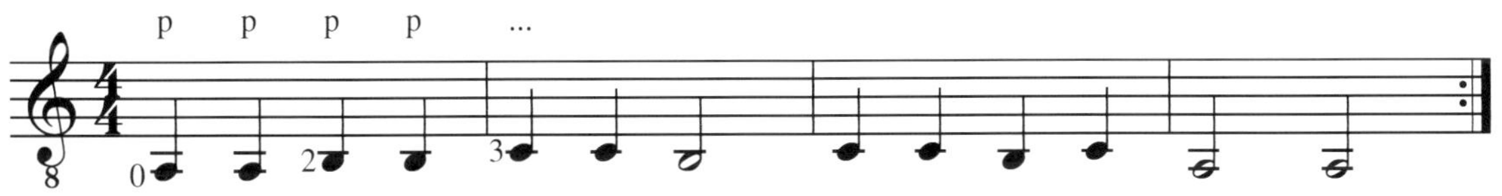
p p p p ...

d)

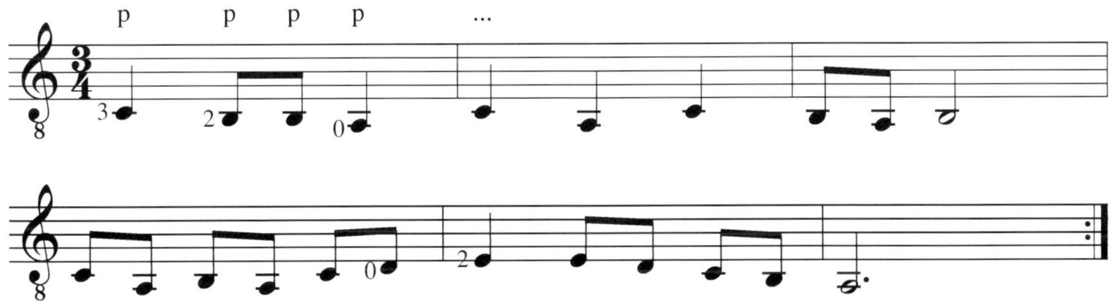
p p p p ...

58 Melancholie (Duo)

Volker Saure

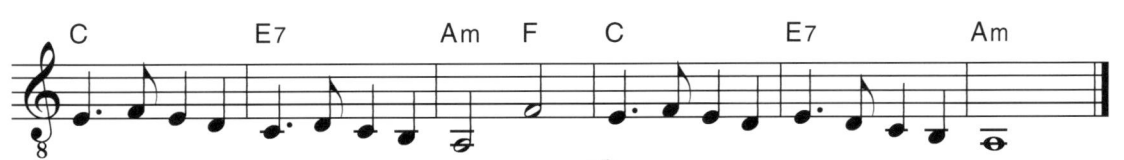

24

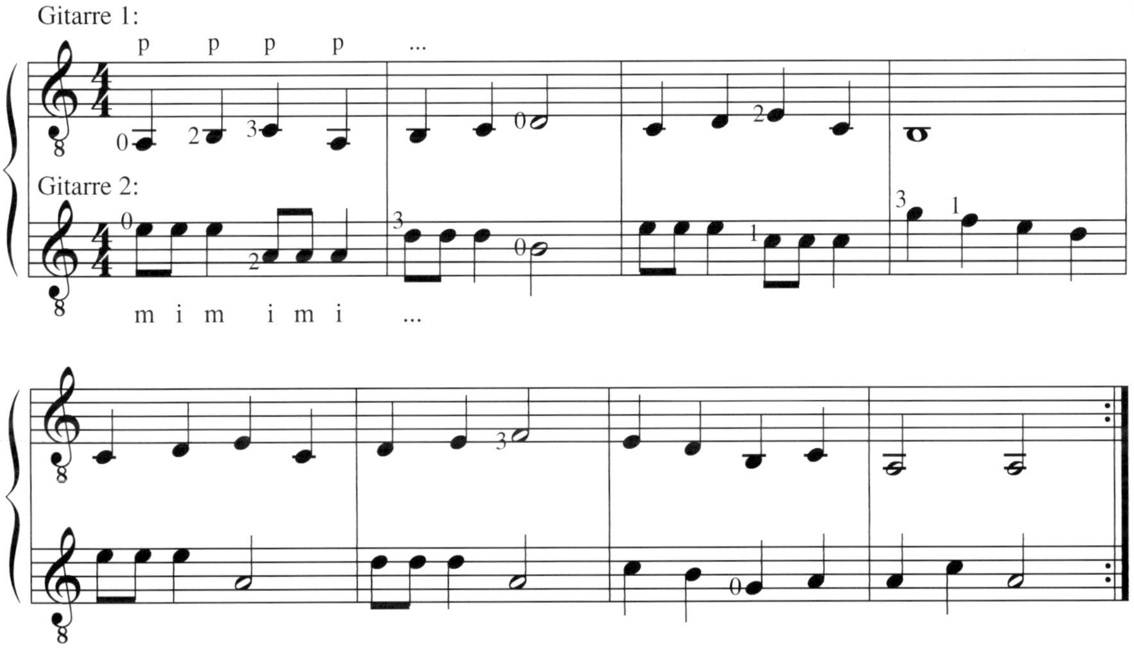
Gitarre 1:
p p p p ...
Gitarre 2:
m i m i m i ...

59 Grüße aus Hellas

Volker Saure

Am Dm E7 Dm
C E7 Am F C E7 Am

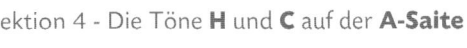

Schüler mit Kenntnissen in ***Liedbegleitung*** *können hier Begleitungs-Pattern Nr. 117c anwenden* (*vgl. S. 123ff.*)!

CD:

Ein ganzer **25** *Takt im Vorzähler. Danach beginnst du auf der Zählzeit „3", also nach dem fünften Click.*

60 Die Gedanken sind frei (Duo)

Text und Melodie überliefert um 1815

Gitarre 1:

Die Ge - dan - ken sind— frei, wer kann sie er - ra - ten? Sie flie - hen vor -

Gitarre 2:

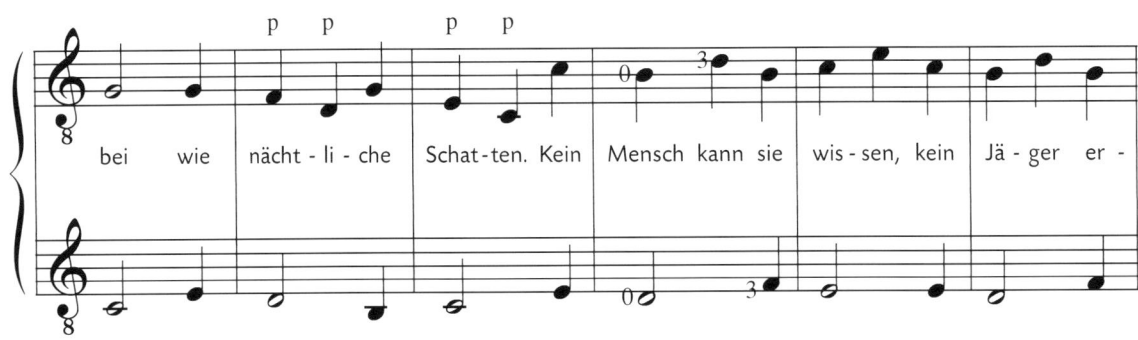

bei wie nächt - li - che Schat - ten. Kein Mensch kann sie wis - sen, kein Jä - ger er -

schie - ßen mit Pul - ver und— Blei. Die Ge - dan - ken sind frei.

Der Haltebogen

In vielen Stücken kommen Töne vor, die andere Längen haben als die bis jetzt gelernten. Manchmal muss ein Ton auch über das Taktende hinaus klingen.

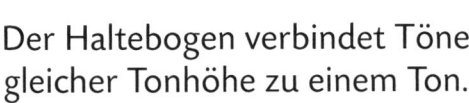

Der Haltebogen verbindet Töne gleicher Tonhöhe zu einem Ton.

In solchen Fällen wird ein **Haltebogen** verwendet. Er verbindet **Töne gleicher Tonhöhe**. Der erste Ton wird angeschlagen und klingt um den Notenwert der angebundenen Note länger. So lassen sich alle denkbaren Tonlängen in der Notenschrift darstellen.

Die Übungen 61 a) bis c) sind Beispiele für die vielen Verwendungsmöglichkeiten des Haltebogens:

Eine *Viertel mit angebundener Viertel* klingt so lang wie *zwei Viertel* oder *eine Halbe*.

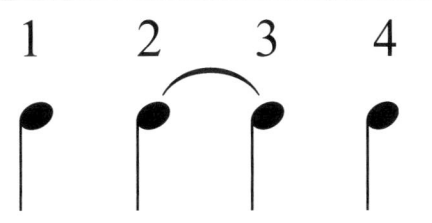

61 Übungen mit Haltebogen

a)

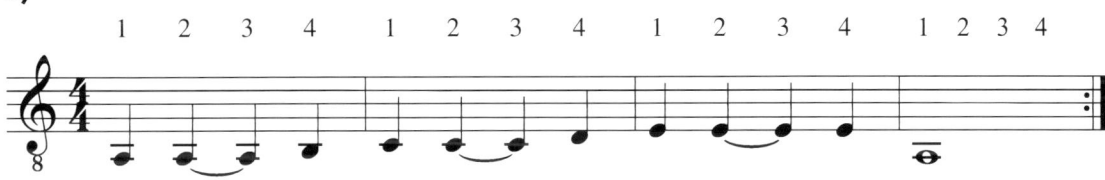

Eine *Ganze mit angebundener Viertel* klingt so lang wie *fünf Viertel*.

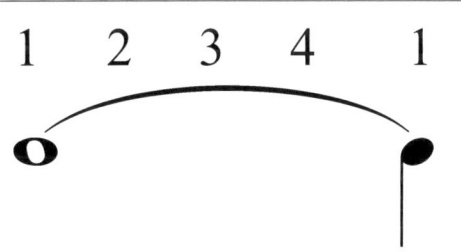

b)

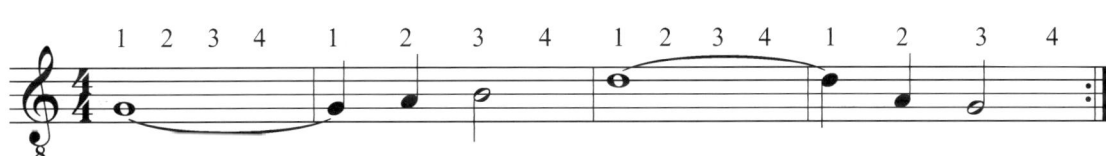

Einer Note können auch *mehrere* andere angebunden werden.

Eine *Halbe mit angebundener Viertel und angebundener Achtel* klingt so lang wie *sieben Achtel*.

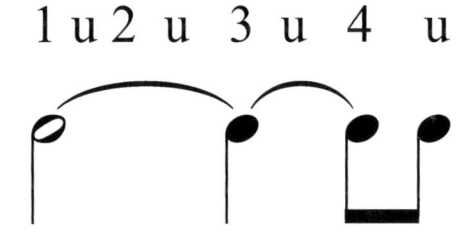

c)

Schreibe noch andere mögliche Tonlängen mit Haltebögen auf.

62 Scarborough Fair (Duo)

26

Folk Song (überliefert aus England)

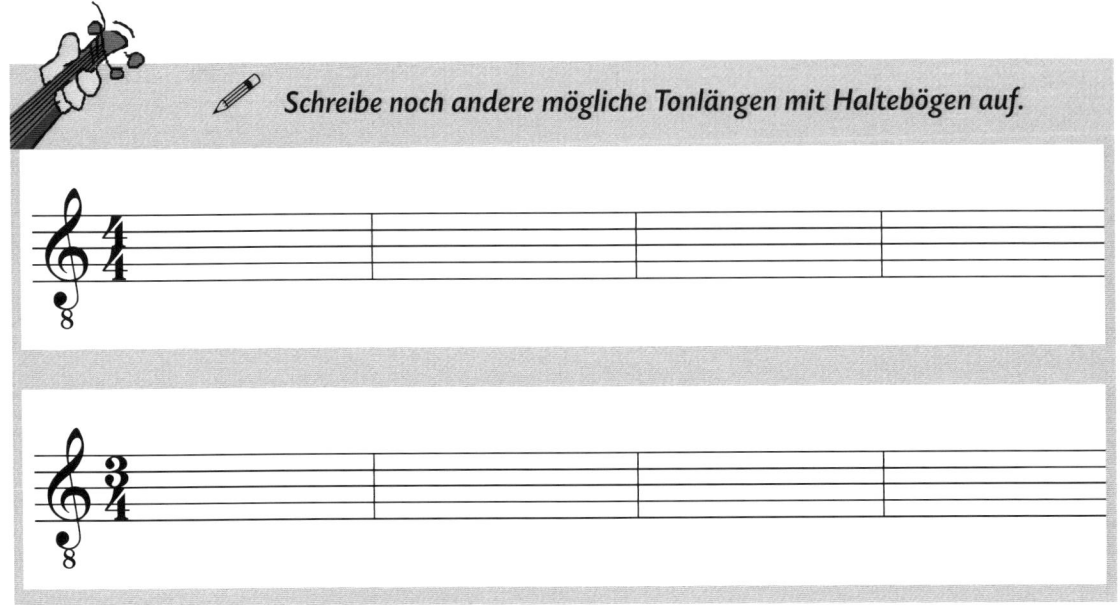

Haltebogen, vgl. S. 64

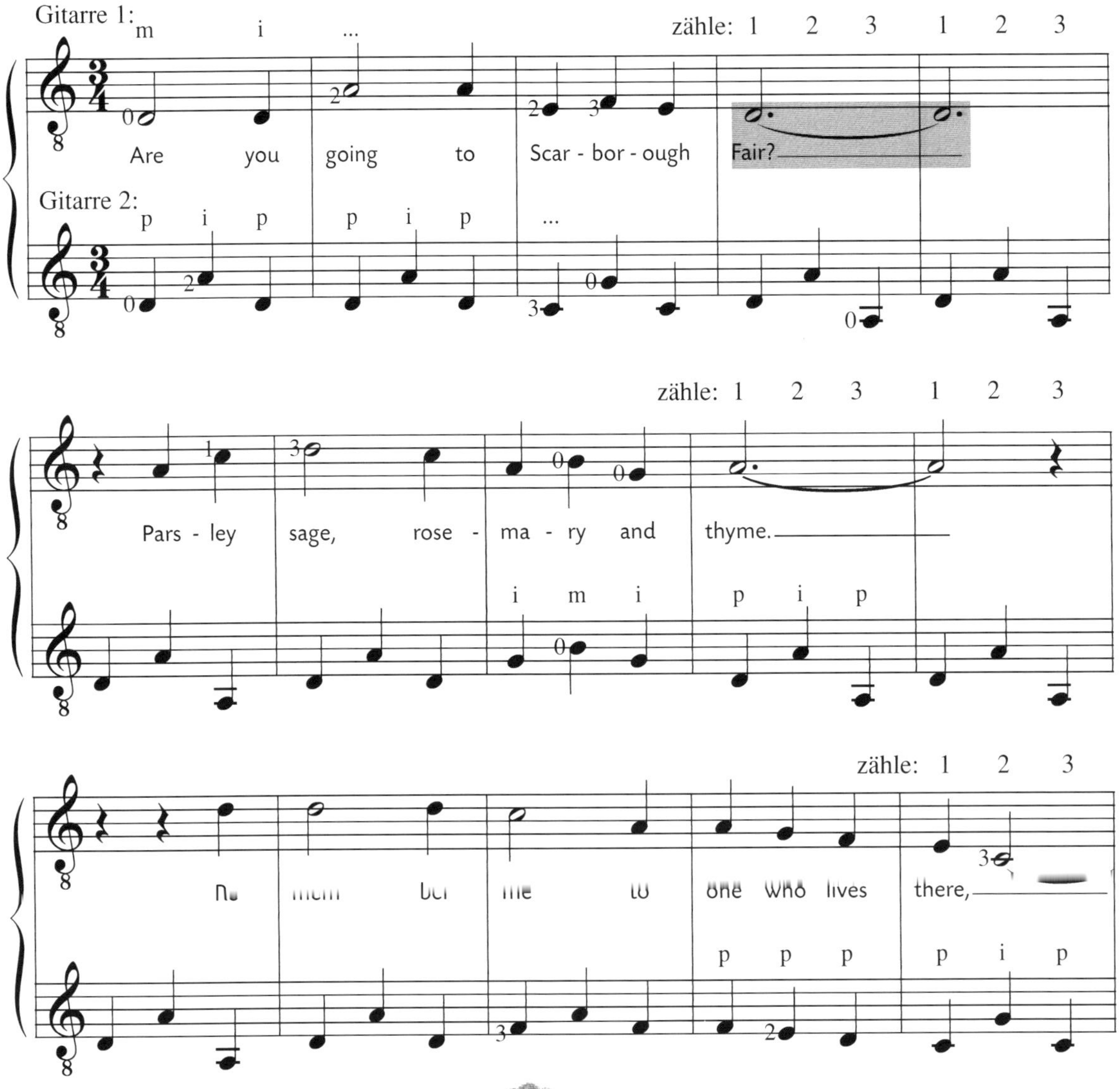

Gitarre 1:
m i ...
zähle: 1 2 3 1 2 3
Are you going to Scar - bor - ough Fair?
Gitarre 2:
p i p p i p ...
zähle: 1 2 3 1 2 3
Pars - ley sage, rose - ma - ry and thyme.
i m i p i p
zähle: 1 2 3
one who lives there,
p p p p i p

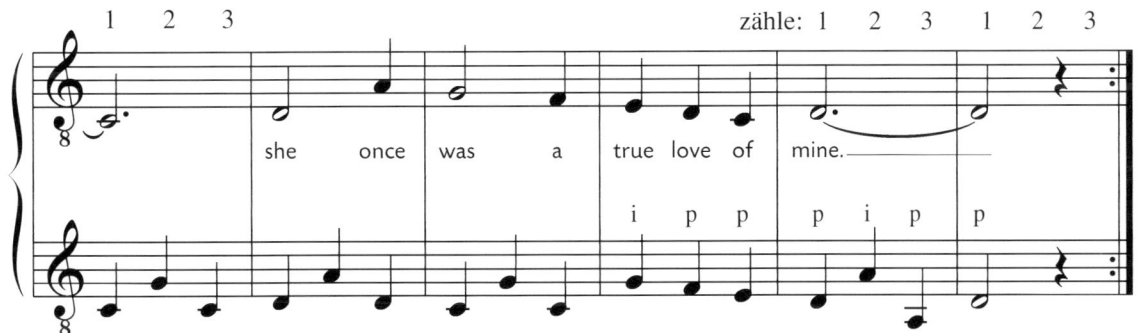

she once was a true love of mine.

Der Ton E

Spielst du die E-Saite ⑥ leer an, dann erklingt der Ton **E**.

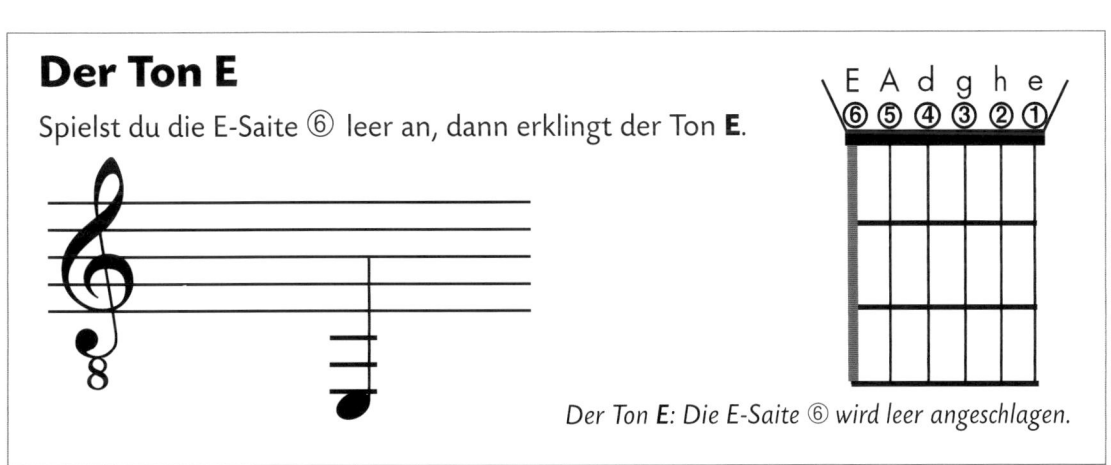

Der Ton E: Die E-Saite ⑥ wird leer angeschlagen.

63 Übungen Ton E

a)

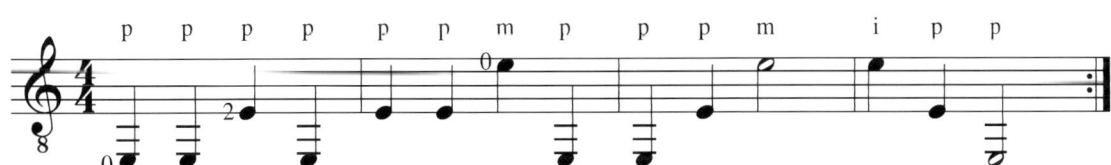

b)

Der Ton F auf der E-Saite

Der Ton **F** wird mit dem *Zeigefinger* (1) im **1. Bund** auf **der E-Saite** ⑥ gegriffen.

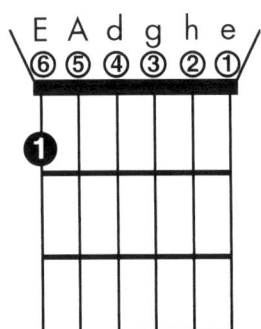

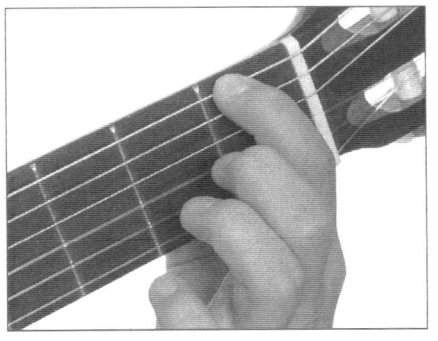

*Der Ton **F**: Zeigefinger (1) greift im 1. Bund der E-Saite ⑥.*

64 Übungen Ton F

a)

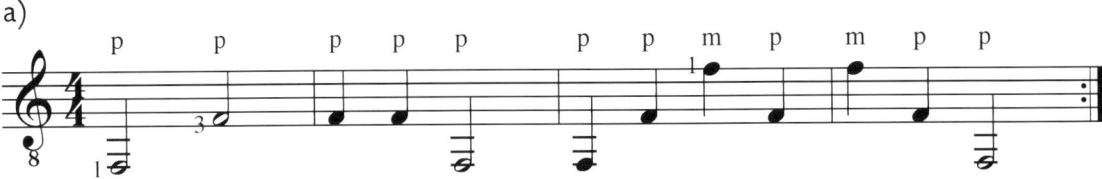

b)

Der Ton G auf der E-Saite

Der Ton **G** wird mit dem *Ringfinger* (3) im **3. Bund** auf **der E-Saite** ⑥ gegriffen.

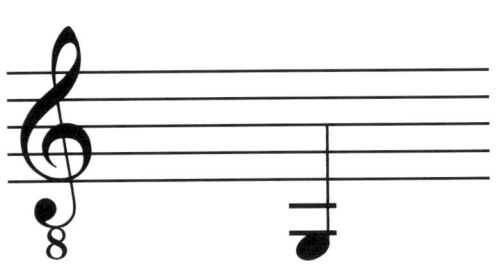

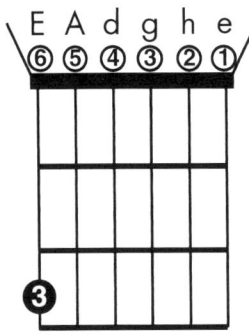

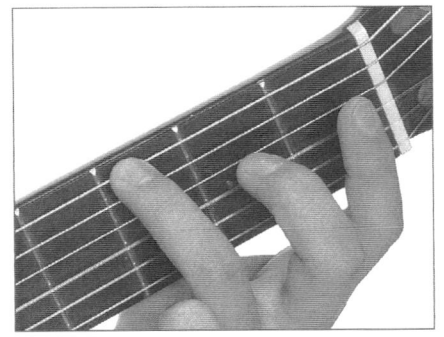

*Der Ton **G**: Ringfinger (3) greift im 3. Bund der E-Saite ⑥.*

65 Übungen Ton G

a)

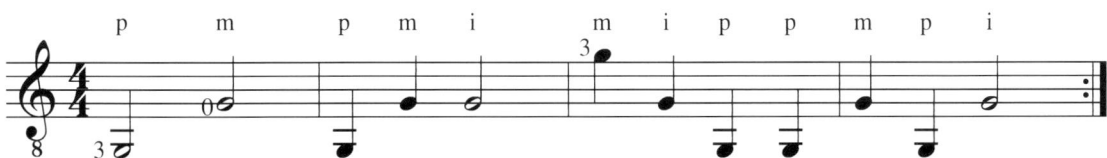

b)

c)

*Als Ergänzung kannst du jetzt die **2. Stimme** von **The Ash Grove** auf S. 52ff. spielen.*

d)

Alle bisher gelernten Töne

Alle bisher gelernten Töne sind hier noch einmal zusammengefasst. Um gleichnamige Töne voneinander unterscheiden zu können, spricht man von „**großen**", „**kleinen**" und „**ein-**" oder „**mehrgestrichenen Tönen**" (z.B. **E, e, e'**). Dabei ändern sich die Bezeichnungen immer ab dem Ton C.

Die Oktavtöne

E   e   e'

Der Tonabstand zwischen Tönen mit dem gleichen Buchstaben heißt „_Oktave_". Der Tonabstand z.B. zwischen E und e' beträgt **zwei Oktaven**.

Oktave, vgl. _Lexikon,_ S. 136.

🖉 *Ergänze die Fingersätze zu dieser Tonreihe:*

E F G A H c d e f g a h c' d' e' f' g'

🖉 *Trage die Noten in das untere System ein, die eine Oktave tiefer liegen.*

🖉 *Trage die Noten in das untere System ein, die eine Oktave höher liegen.*

Lektion

Das lernst du:

Die C-Dur Tonleiter

Das Auflösungszeich

Das Kreuz-Vorzeiche

Die G-Dur Tonleiter

Die F-Dur Tonleiter

Das b-Vorzeichen (|

Da Capo al Fine

Die Tonleiter in C-Dur

Halbtonschritt und Ganztonschritt

vgl. Lexikon, S. 136!

Die Abstände zwischen benachbarten Tönen einer **Tonleiter** heißen **Halbtonschritte** und **Ganztonschritte**. Ein **Halbtonschritt** entspricht auf der Gitarre dem Abstand eines Bundes zum nächsten. Ein **Ganztonschritt** besteht aus **zwei Halbtonschritten** (zwei Bünde).

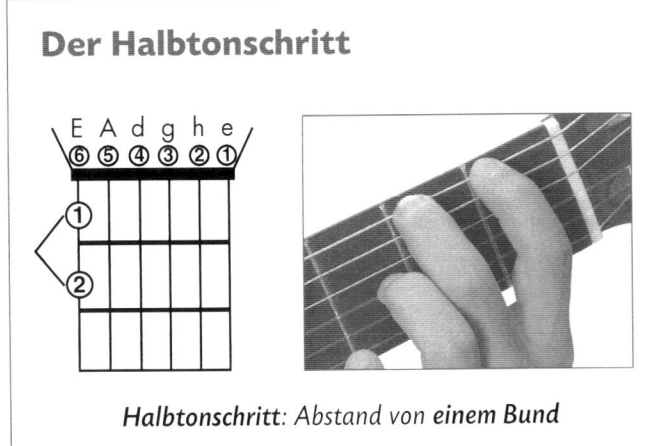

Der Halbtonschritt

*Halbtonschritt: Abstand von **einem Bund***

Der Ganztonschritt

*Ganztonschritt: Abstand von **zwei Bünden***

Eine Tonleiter „klettert" im Notensystem die Notenlinien herauf oder herunter. Sie wird nach dem Ton benannt, mit dem sie beginnt und ist vollständig, wenn sie den Ton mit demselben Tonnamen eine Oktave darüber oder darunter erreicht hat.

C-Dur Tonleiter

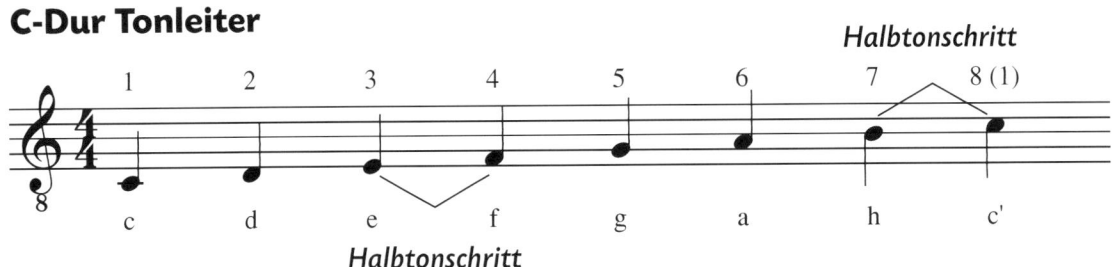

vgl. G-Dur Tonleiter, S. 77!

Bei allen *Dur-Tonleitern* liegen die Halbtonschritte zwischen dem **3. und 4. Ton** und zwischen dem **7. und 8. Ton**.

Im Notenbild sind die Unterschiede zwischen Ganz- und Halbtonschritten nicht zu erkennen.

Zwischen den Tönen, die einen Ganztonschritt voneinander entfernt sind, müssen also noch andere Töne sein, deren Noten und Notennamen wir noch nicht kennen.

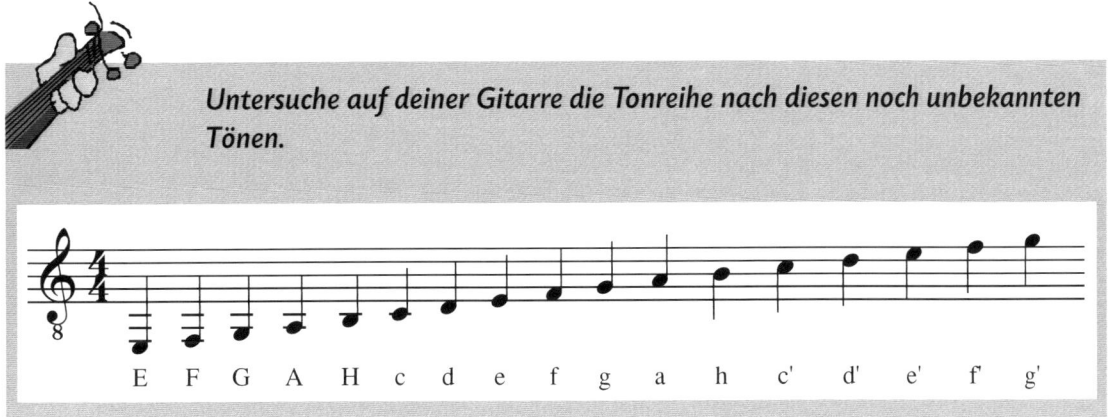

Untersuche auf deiner Gitarre die Tonreihe nach diesen noch unbekannten Tönen.

E F G A H c d e f g a h c' d' e' f' g'

Das Kreuz-Vorzeichen (♯)

Einer der Töne, die du herausgefunden hast, liegt **zwischen** den Tönen **f** und **g**.

Der Ton Fis

Die Töne zwischen **f** und **g** heißen **fis**. Ein Kreuz (♯) vor der Note „schiebt" den Ton einen Halbtonschritt (einen Bund) höher.

> Ein Kreuz (♯) vor einer Note **erhöht** alle Töne dieses Namens um einen Halbton (ein Bund höher); das gilt bis zum Taktende. Soll der Ton im nächsten Takt erhöht bleiben, steht erneut ein Kreuz davor. An den Notennamen wird die Endung „**-is**" angehängt.

Der Ton **fis** findet sich **drei Mal** auf den unteren vier Bünden:

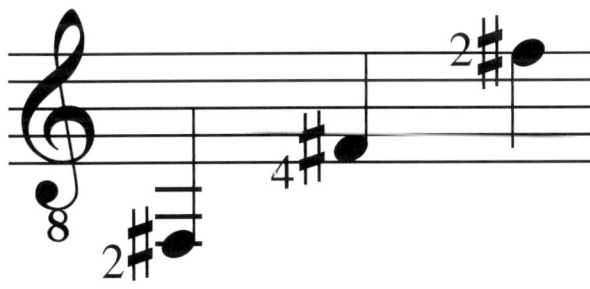

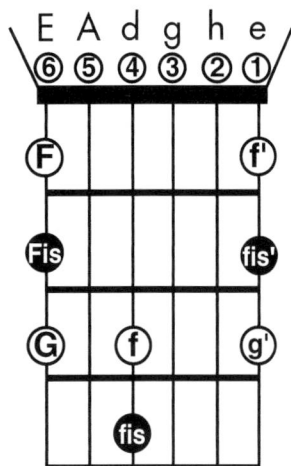

1. Der Ton Fis auf der E-Saite

wird im **2. Bund** auf **der E-Saite** ⑥ gegriffen.

2. Der Ton fis auf der d-Saite

wird im **4. Bund** auf **der d-Saite** ④ gegriffen.

3. Der Ton fis' auf der e-Saite

wird im **2. Bund** auf **der e-Saite** ① gegriffen.

66 Übungen Ton fis

a)

b)

c)

d)

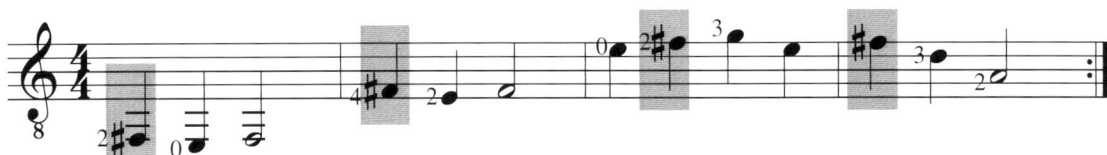

*Der Ton **fis** kommt in Takt 1 und Takt 2 zwei Mal vor.*

Vgl. Jingle Bells auf S. 39 und Liedbegleitung, S. 122ff.

Jingle Bells kennst du bereits von *Seite 39*. Die folgende Version fängt auf einem anderen Ton (**fis**) an und bekommt eine Liedbegleitung (**D/A** = <u>*D-Akkord mit Basston A*</u>).

Ein Kreuz vor dem Notenkopf gilt nur einen Takt lang! Bei Tonwiederholungen innerhalb eines Taktes wird das Kreuz nicht noch einmal angezeigt.

67 Jingle Bells

Traditional aus den U.S.A.

Die Wiederholungsklammer

Oft hat ein Stück nach einer Wiederholung einen veränderten Schluss. Die **Wiederholungsklammer** zeigt an, dass im ersten Durchgang die Takte bis zum Wiederholungszeichen unter der ersten Klammer gespielt werden. Bei der Wiederholung überspringt man die Klammer 1 und spielt die Takte unter der Klammer 2.

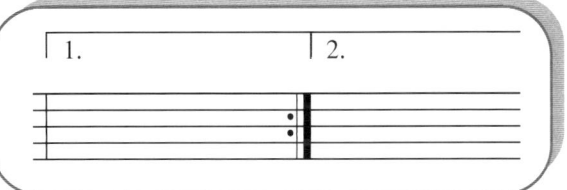

68 Banks of the Ohio (Duo)

Traditional aus Nordamerika

27

CD: Ein ganzer Takt im Vorzähler. Danach beginnst du auf Zählzeit „2", also nach dem fünften Click.

Der unter einer **Fermate** (𝄐) *stehende Ton wird etwas* **länger ausgehalten.** *Wie lang, bestimmt der Spieler, oft beträgt sie die Länge eines Atemzuges.*

69 Menuett (Duo)

28

Johann Sebastian Bach (1685 - 1750)

Gitarre 1: i   m   i   m   i   m   i   m   ...

Gitarre 2: p   p   p   p   ...

Fermate
(vgl. S. 75)!

p   i   m

Das Dauervorzeichen

In den meisten Tonleitern oder Tonarten kommen bestimmte Vorzeichen immer wieder vor. Damit sie in einem Stück das Notenbild nicht unübersichtlich machen, werden die zu der Tonart gehörenden Vorzeichen statt dessen nur noch einmal an den Anfang jeder Zeile zwischen Notenschlüssel und Taktangabe geschrieben.

Die Tonleiter in G-Dur (über zwei Oktaven)

In der Tonart G-Dur werden **alle f** zu **fis** erhöht. Am Anfang jeder Zeile, zwischen Notenschlüssel und Taktartbezeichnung, wird ein Kreuz auf die Höhe des **eingestrichenen f'** geschrieben. Es bedeutet, dass **alle f** - auch das **mittlere f** und das **tiefe F** - bis zum Ende des Stückes erhöht werden.

G-Dur Tonleiter

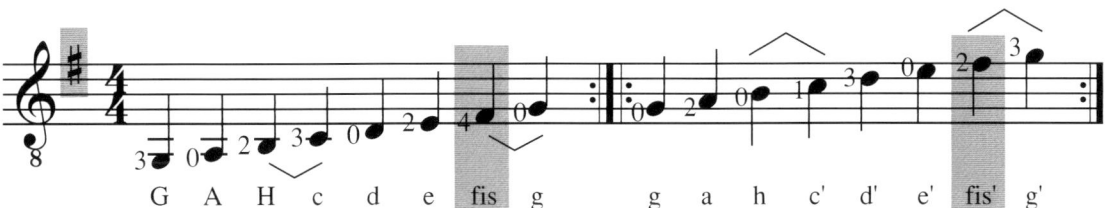

70 Tonleiterduo

Volker Saure

29

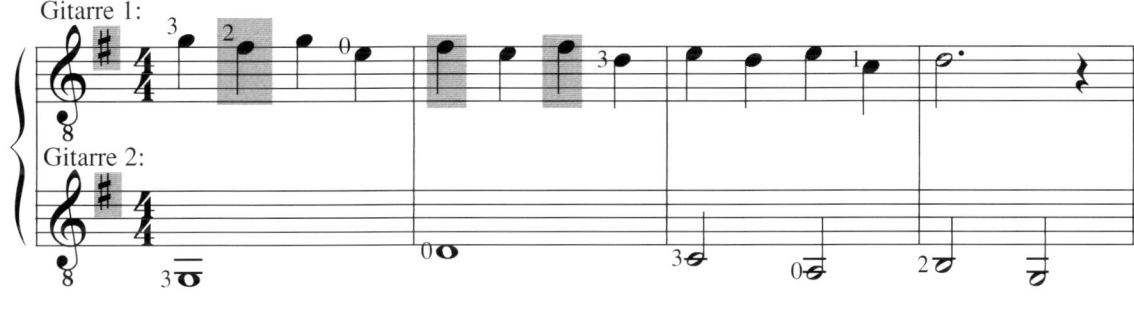

Beachte das Tonart-Vorzeichen! Alle f werden zu fis!

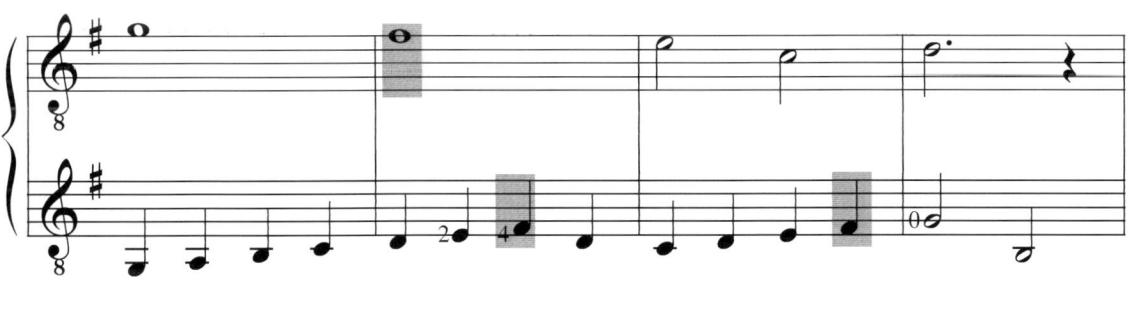

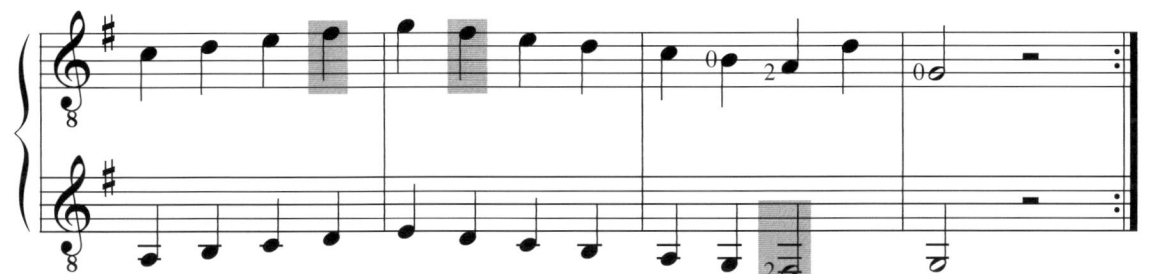

Das Auflösungszeichen (♮)

Das **Auflösungszeichen** (♮) vor einer Note hebt das Vorzeichen für die Dauer des Taktes auf. Soll das Vorzeichen auch im nächsten Takt nicht gelten, muss das Auflösungszeichen wieder vor der Note stehen.

In dem folgenden Stück erniedrigt das Auflösungszeichen das **fis** zum **f**, es hebt also das ♯ am Zeilenanfang auf.

Schneller Tanz ist auf der CD extra **30** *langsam eingespielt. Übe es in diesem Tempo solange, bis du es fehlerlos spielen kannst. Steigere dann das Tempo langsam und schrittweise!*

71 Schneller Tanz (Duo)

Volker Saure

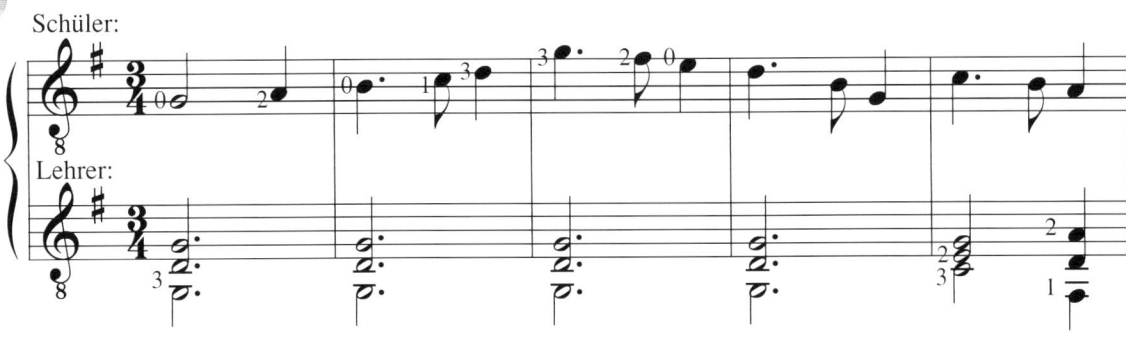

Das b-Vorzeichen (♭)
Der Ton B

Das **b-Vorzeichen** (♭) vor der Note **h erniedrigt diese** um **einen Halbton** (auf der Gitarre: **ein Bund tiefer**).

Das erniedrigte **h** heißt dann **b**.

Ein (♭) vor einer Note **erniedrigt** alle Töne dieses Namens um einen **Halbton** (ein Bund tiefer); das gilt bis zum Taktende. Soll der Ton im nächsten Takt erniedrigt bleiben, steht erneut ein ♭ davor. An den Notennamen wird die Endung „**-es**" angehängt (z.B. **ces, des, ges** etc.).

Ausnahmen:
aus **h** wird **b**
aus **a** wird **as**
aus **e** wird **es**

Der Ton **b** findet sich **zwei Mal** auf den unteren drei Bünden:

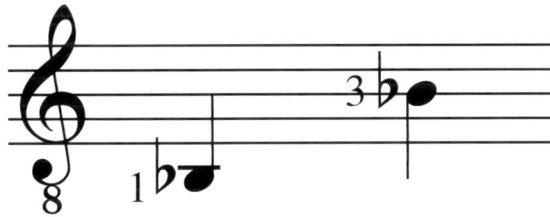

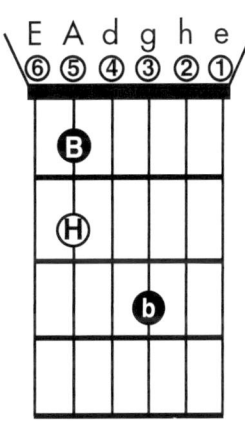

Der Ton B auf der A-Saite ⑤.

1. Der Ton B auf der A-Saite
wird im **1. Bund** auf **der A-Saite** ⑤ gegriffen.

2. Der Ton b auf der g-Saite
wird im **3. Bund** auf **der g-Saite** ③ gegriffen.

Der Ton b auf der g-Saite ②.

---

72 Übungen Ton b

a)

b)

1. Finger liegen lassen

c)

*Um das „Springen" des 3. Fingers von einer Saite zur anderen zu vermeiden, wird in **Übung 72c)** der Ton d' mit dem **kleinen Finger** (4) gegriffen. Das ermöglicht einen besseren Übergang vom einen zum anderen Ton (vgl. auch Übung 73, S. 80).*

Ein **Kanon** kann - zeitlich versetzt - von zwei oder mehr Spielern gespielt werden. Hier setzt der zweite Spieler genau dann am Liedanfang ein, wenn der erste Spieler schon das **c'** (unter der Ziffer „**2.**") erreicht hat.

73 Himmel und Erde

Kanon (überliefert)

vgl. Fingersätze
Übung 72, S. 79

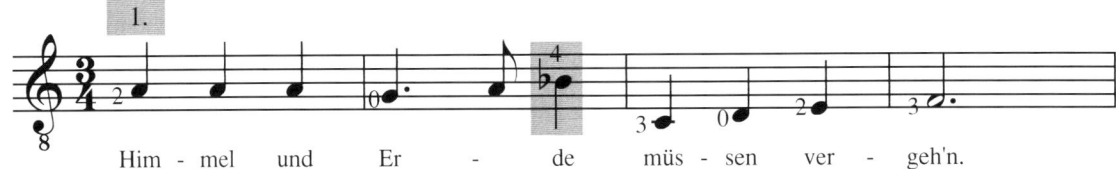

Him - mel und Er - de müs - sen ver - geh'n.

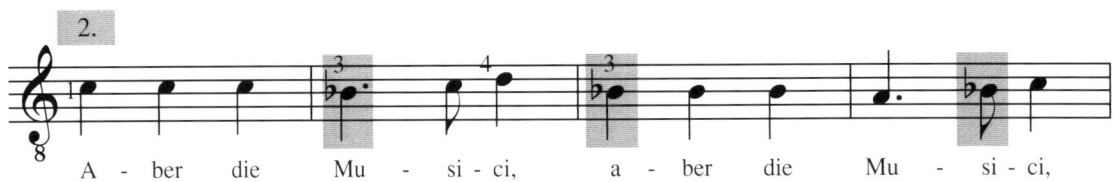

A - ber die Mu - si - ci, a - ber die Mu - si - ci,

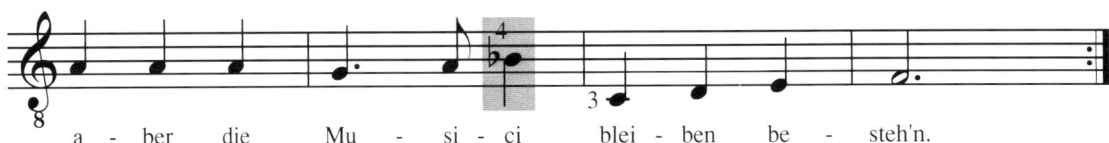

a - ber die Mu - si - ci blei - ben be - steh'n.

Die Tonleiter in F-Dur (über zwei Oktaven)

In der Tonart F-Dur werden **alle h** zu **b** erniedrigt. Am Anfang jeder Zeile, zwischen Notenschlüssel und Taktartbezeichnung, wird ein **b** auf die Höhe des **mittleren h** geschrieben. Es erniedrigt **alle h** bis zum Ende eines Stückes.

F-Dur Tonleiter

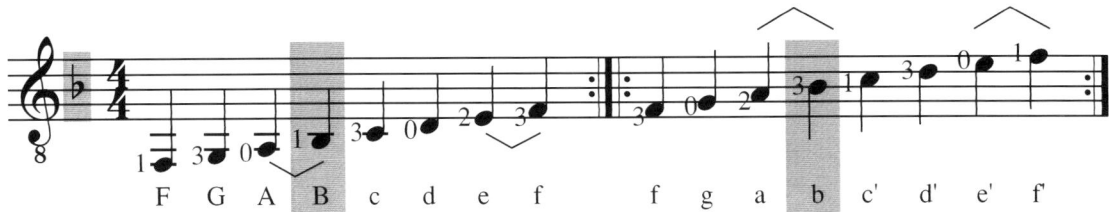

F G A B c d e f f g a b c' d' e' f'

74 Tiritomba

Volksweise aus Italien

Wiederholungs-klammer, vgl. S. 75

Da Capo al Fine

Da Capo (D.C.) al Fine kommt aus dem Italienischen und bedeutet Wiederholung des Stückes bis zum Wort *Fine (Ende)*. Wörtlich übersetzt: *„Von vorne bis zum Ende"*.

> ## Da Capo al Fine
> *ital.:* **Von vorne bis zum Ende**
> D.C. al Fine (Abkürzung)

75 Marsch

Georg Friedrich Händel (1685 - 1759)

Tonart-vorzeichen, S. 76 Jedes h wird zu b!

Fine

Wiederhole von vorne bis **Fine!**

D.C. al Fine

Die Vorzeichen ♯ und ♭ können nicht nur vor **f** oder **h** stehen. **Jede beliebige Note kann durch ein** ♯ einen **halben Ton erhöht**, oder durch ein ♭ einen **halben Ton erniedrigt** werden.

Die erhöhten Töne erhalten ein „**-is**" als Endung, die erniedrigten Töne ein „**-es**".
<u>Ausnahmen</u>: Durch das Vorzeichen ♭ wird aus **h** ein **b**, aus **a** ein **as** und aus **e** ein **es**.

<u>Vgl.</u> <u>Tonnamen</u>
<u>(Lexikon)</u>,
S. 137!

Noten mit dem ♯-Vorzeichen

✏ *Setze diese Tonreihe mit ♯-Vorzeichen weiter nach unten fort:*

gis' fis' eis' dis' cis' his ais gis

Noten mit dem ♭-Vorzeichen

✏ *Setze diese Tonreihe mit ♭-Vorzeichen weiter nach unten fort:*

ges' fes' es' des' ces' b as ges

Lektion 6

Das lernst du:

Die Lautstärken

f mf p

Das Spiel in der 2. Lage

Das Stimmen der Gitarre

Das Lagenspiel

Bisher war der *erste Finger* der *linken Hand* für den **ersten Bund** zuständig, der *zweite Finger* für den **zweiten Bund** etc. Diese Position der linken Hand heißt **1. Lage**. Um dir das Griffbrett weiter zu erschließen, wirst du jetzt die „Lage" verändern.

Die 2. Lage

Um auf der e-Saite ① höhere Töne zu erreichen, bewegt sich die linke Hand in Richtung des Schalloches. Die Positionen der *Finger* und des *Daumens* zueinander ändern sich nicht. Setzt man den *Zeigefinger* (1) auf den **2. Bund** einer beliebigen Saite, befindet sich der *Mittelfinger* (2) automatisch auf dem **3. Bund**, der *Ringfinger* (3) auf dem

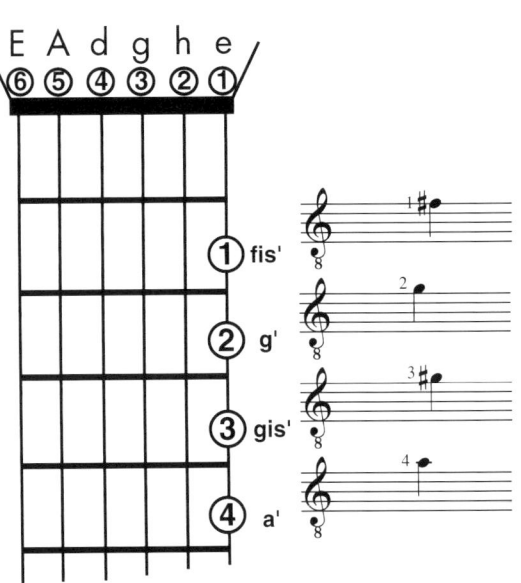

4. Bund und der *kleine Finger* (4) auf dem **5. Bund** usw.

Die **Fingersatzbezeichnung** ändert sich dadurch ebenfalls nicht. Die *linke Hand* befindet sich jetzt in der **zweiten Lage**. Im Notentext steht dafür die **römische Ziffer II**.

Der Ton a' auf der e-Saite

Der Ton **a'** wird auf dem **5. Bund** der e-Saite ① mit dem kleinen *Finger* (4) gegriffen.

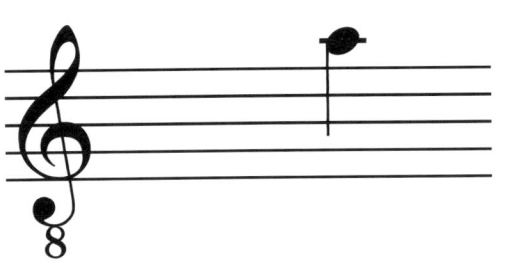

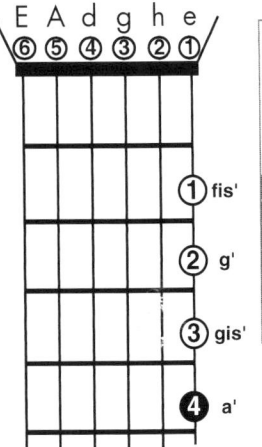

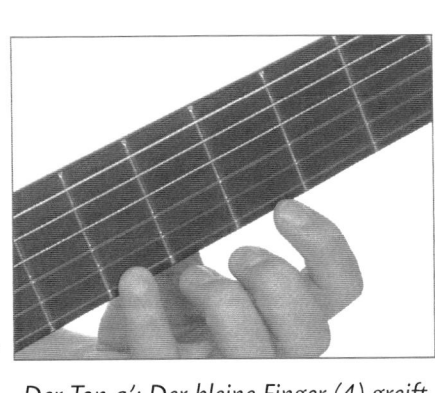

Der Ton a': Der kleine Finger (4) greift auf dem 5. Bund der e-Saite ①.

76 Übungen Ton a'

a)

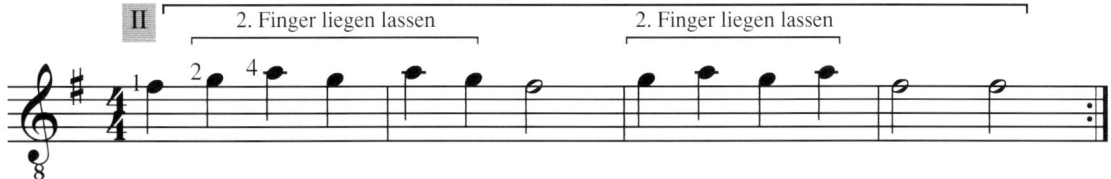

b)

c)

77 Das A-Duo

Volker Saure

Mit der **Lagenzahl** I, II, III, IV usw., der **Saitenziffer** ① bis ⑥ und der **Fingersatzangabe** 1, 2, 3, 4 lassen sich die Positionen sämtlicher Töne auch ohne Noten genau beschreiben.

Die Töne in der 2. Lage der h-Saite

Spielst du die leere **e-Saite** an, erklingt der Ton **e'**. Spielst du die **h-Saite** im **5. Bund** an, erklingt derselbe Ton **e'**. Die Töne **h** und **e'** sind also genau **fünf Halbtöne** voneinander entfernt.

Das ist auch der Grund dafür, dass die leere **e-Saite** im **5. Bund** der **h-Saite** gestimmt wird *(vgl. Stimmen, S. 92).*

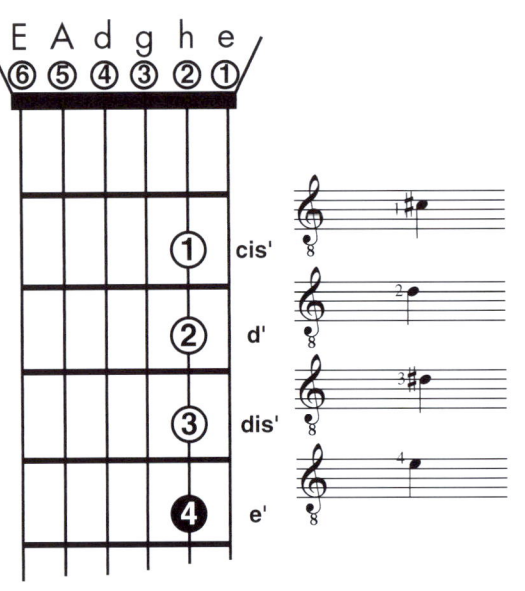

78 Übung 2. Lage (h-Saite)

79 Galopp (Duo)

Volker Saure

32

Die Töne in der 2. Lage der g-Saite

Auf der **g-Saite** erreichst du schon auf dem **4. Bund** den Ton der leeren **h-Saite**. Die **g-Saite** und die **h-Saite** sind also nur **vier Halbtöne** voneinander entfernt.

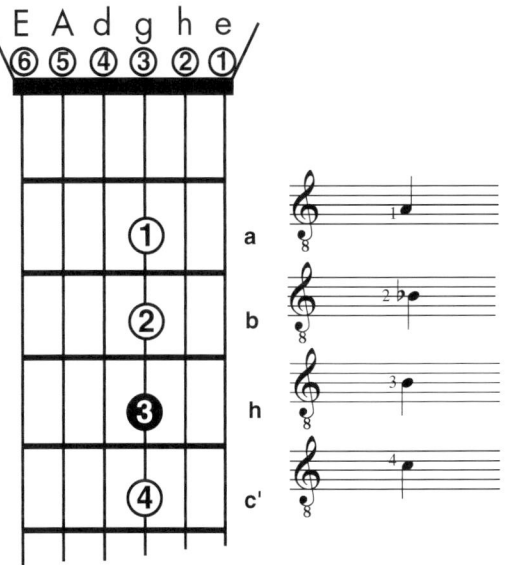

80 Übung 2. Lage (g-Saite)

Die Töne in der 2. Lage der d-Saite

Spielst du die im **5. Bund** gegriffene **d-Saite** an, erklingt der Ton **g** in derselben Tonhöhe wie die leere **g-Saite**. Die **d-** und **g-Saite** sind also wieder **fünf Halbtöne** voneinander entfernt.

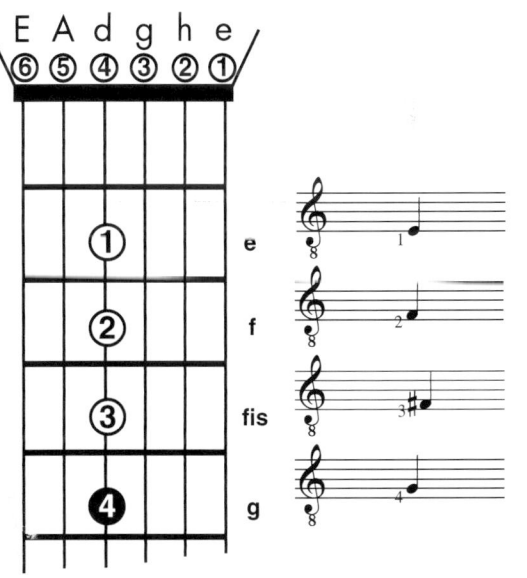

81 Übung 2. Lage (d-Saite)

87 Lektion 6 - Die Töne der II. Lage

CD: *Du beginnst nach dem 3. Click.* **33**

82 Es waren zwei Königskinder (Duo)

Ballade aus Westfalen (17. Jahrhundert)

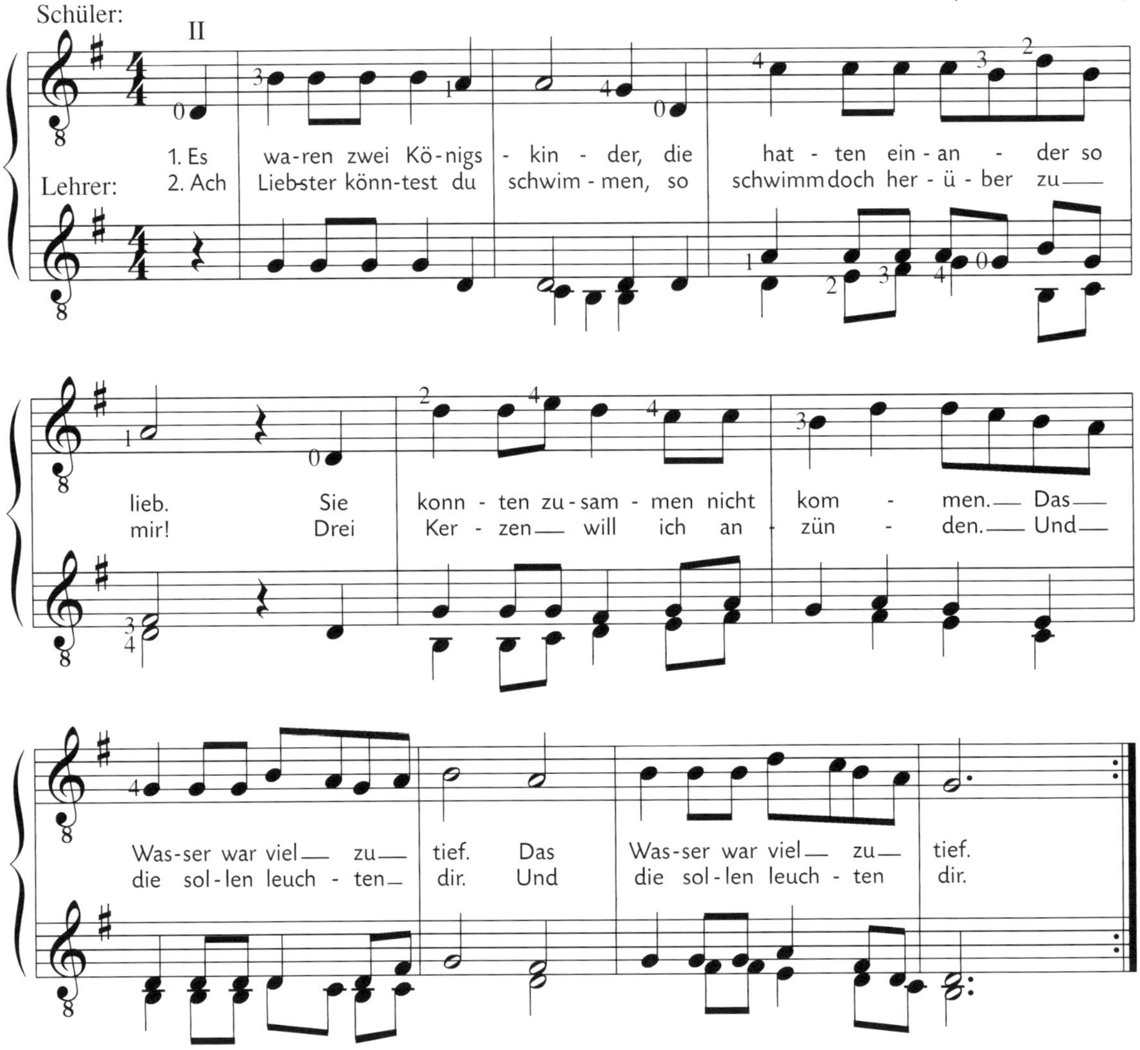

Schüler:
Lehrer:
II
1. Es wa-ren zwei Kö-nigs - kin - der, die hat - ten ein - an - der so lieb. Sie konn - ten zu - sam - men nicht kom - men. Das Was-ser war viel zu tief. Das Was-ser war viel zu tief.
2. Ach Lieb-ster könn-test du schwim - men, so schwimm doch her - ü - ber zu mir! Drei Ker - zen will ich an - zün - den. Und die sol-len leuch - ten dir. Und die sol-len leuch - ten dir.

Die Töne in der 2. Lage der A-Saite

Spielst du die im **5. Bund** gegriffene **A-Saite**, erklingt der Ton **d**. Er hat dieselbe Tonhöhe wie die **leere d-Saite**. Die Töne **A** und **d** sind wieder **fünf Halbtöne** voneinander entfernt.

E A d g h e
⑥ ⑤ ④ ③ ② ①
H 1
c 2
cis 3
d 4

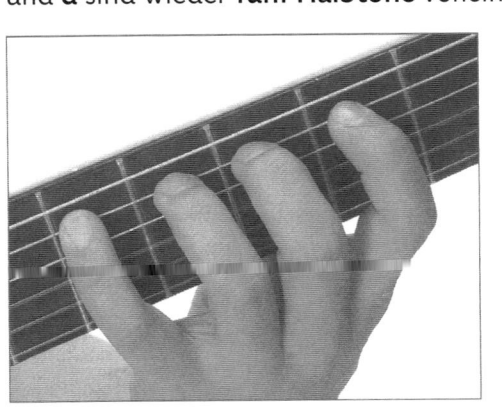

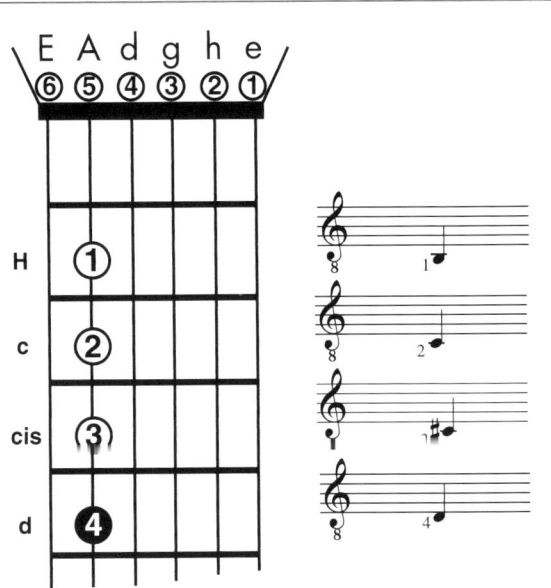

83 Übung 2. Lage (A-Saite)

Staccato

Ein Punkt über oder unter einer Note zeigt an, dass diese Note sofort nach dem Anspielen wieder abgestoppt werden soll. Sie klingt also kürzer als ihr Notenwert angibt.

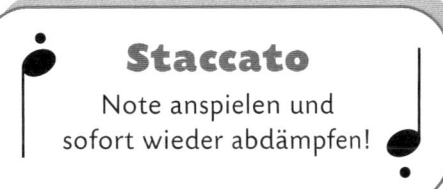

Staccato
Note anspielen und sofort wieder abdämpfen!

84 Der Schlittschuhläufer (Duo)   Emil Waldteufel (1837 - 1915)

Walzertempo

34

Wiederholungs-klammer, vgl. S. 75

Die Töne in der 2. Lage der E-Saite

Spielst du die im **5. Bund** gegriffene **E-Saite**, erklingt der Ton
A. Er hat dieselbe Tonhöhe wie die **leere A-Saite**. Die Töne
E und **A** sind **fünf Halbtöne** voneinander entfernt.

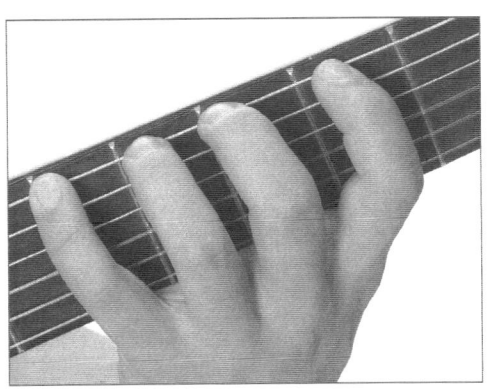

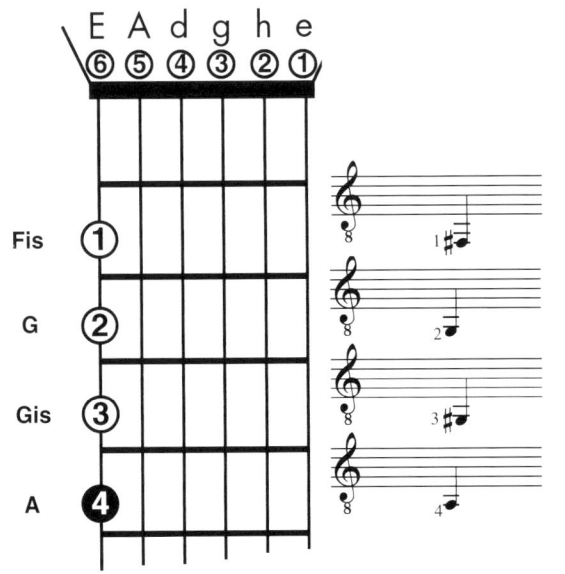

85 Übung 2. Lage (E-Saite)

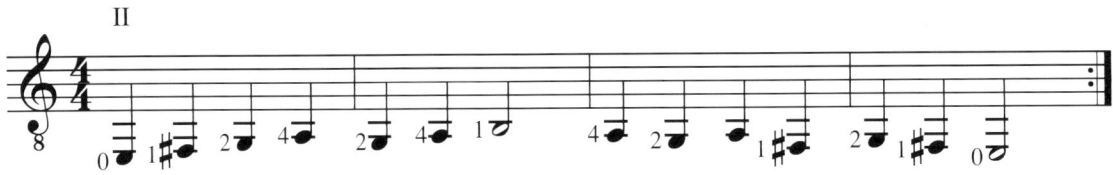

Die Dynamik

Manche Stücke hören sich besser an, wenn sie lauter gespielt werden, andere wiederum
klingen leise besser, und bei vielen wechselt die Lautstärke innerhalb des Stückes.

*vgl. Lexikon,
S. 138* Hier werden die wichtigsten Zeichen für die Lautstärken (**Dynamik**) vorgestellt. Weitere
Dynamikzeichen findest du im *Lexikon S. 138*.

p (piano) = leise   ***crescendo*** = lauter werdend

f (forte) = laut   **decrescendo** = leiser werdend

mf (mezzoforte) = mittellaut

86 Dies Irae (Duo)

35

Thomas von Celano (1190 - 1260)

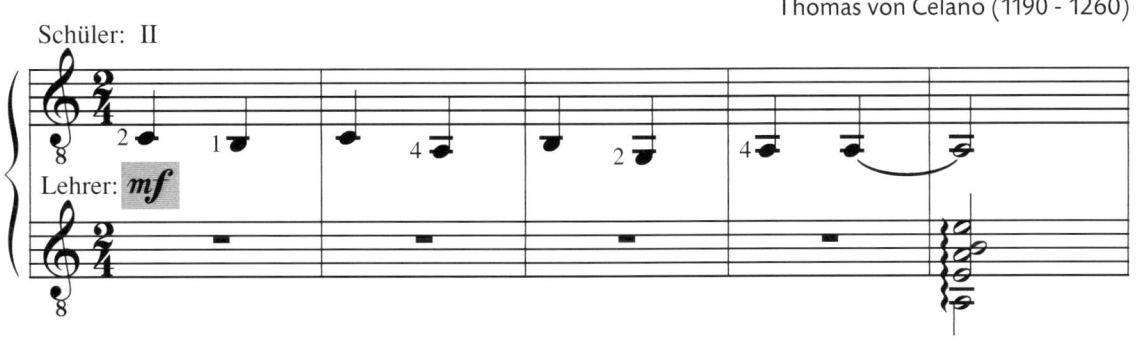

Beginne in mittlerer Lautstärke ...

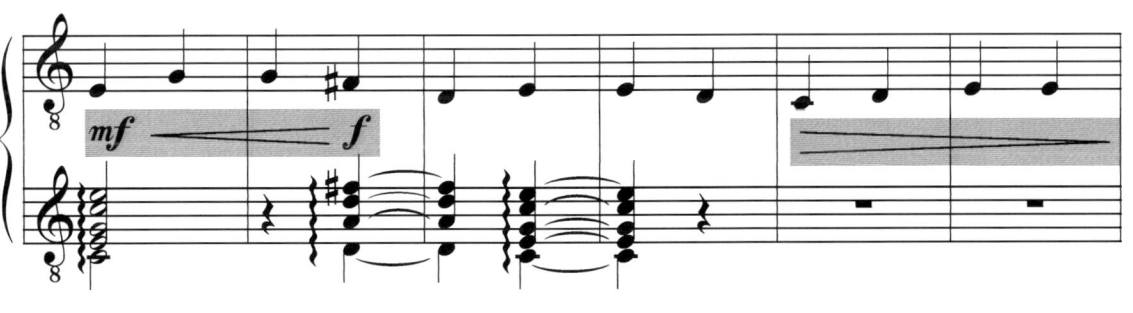

...werde lauter ...

... und wieder leiser ...

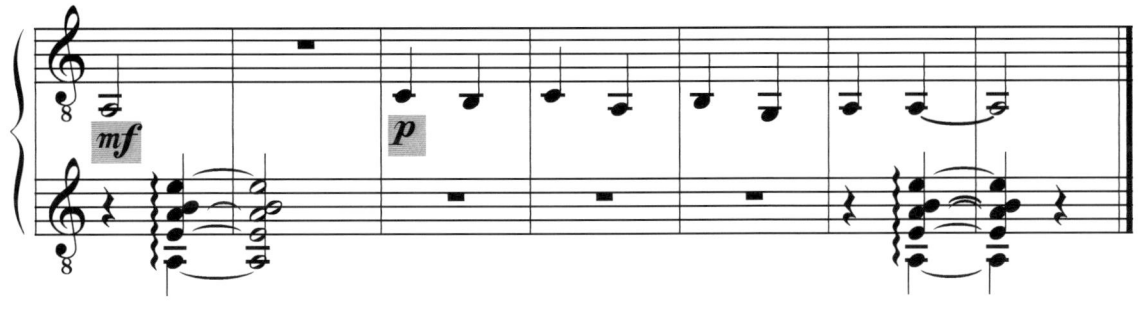

... spiele die letzten fünf Takte leise!

87 Der Mond ist aufgegangen

Melodie: Johann Abraham Peter Schulz (1790)
Text. Matthias Claudius (1778)

Der   Mond   ist auf - ge - gan - gen. Die   gold' - nen Stern - lein pran - gen am

Him - mel hell und klar.   Der   Wald steht schwarz und   schwei - get und

aus   den Wie - sen   stei - get der   wei - ße Ne - bel   wun - der - bar.

Das Stimmen der Gitarre

Am wichtigsten ist, dass die Gitarre „in sich" stimmt, d.h., die Tonhöhenabstände zwischen den Saiten richtig sind.

Das Stimmen ohne Stimmhilfen in einzelnen Schritten

Spielst du also alleine und hast weder Stimmgabel, Stimmgerät noch ein gestimmtes anderes Instrument zur Verfügung, nimm einfach an, dass z. B. die tiefe E-Saite die richtige Tonhöhe hat, und stimme danach die anderen Saiten. Gehe wie folgt vor:

Das Stimmen der Saiten, vgl. S. 9

Das Stimmen der A-Saite

Greife die E-Saite am 5. Bund und spiele sie an. Genau so hoch muss die **leere A-Saite** klingen. Versuche, dir die Tonhöhe zu merken oder den Ton mitzusingen.

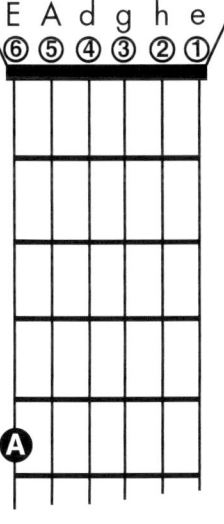

Spiele jetzt die A-Saite leer an, also ohne zu greifen. Wenn die beiden Töne gleichzeitig klingen, ist es manchmal schwer zu bestimmen, welcher von beiden zu hoch oder zu tief ist. Stoppe deshalb die E-Saite ab, während du die A-Saite anschlägst.

Falls die A-Saite zu hoch oder zu tief klingt, verändere die Tonhöhe durch Drehen des *Stimmwirbels* der A-Saite. Wenn du auf die Rückseite des Gitarrenkopfes schaust, erhöhst du die Stimmung durch Drehung **gegen den Uhrzeigersinn**. Jetzt sollten E- und A-Saite die gleiche Tonhöhe haben.

Die Konzertgitarre, vgl. S.7

Stimme die anderen Saiten mit Ausnahme der h-Saite in gleicher Weise:

Das Stimmen der d-Saite

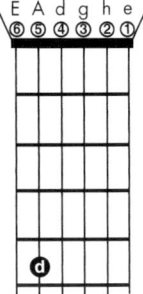
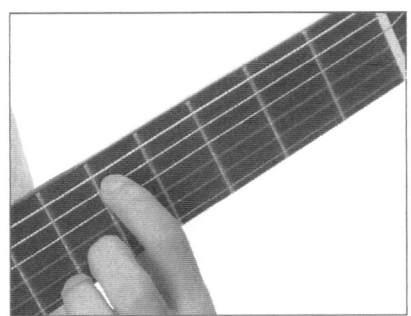

*Greife im **5. Bund** der A-Saite*

Das Stimmen der g-Saite

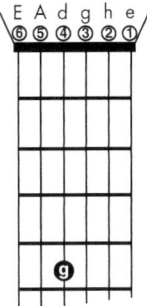
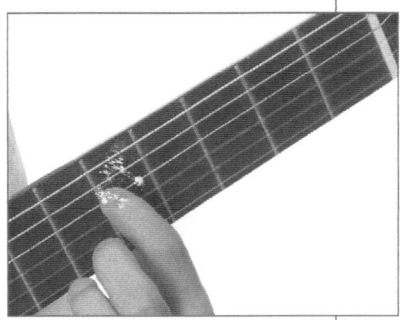

*Greife im **5. Bund** der d-Saite*

Das Stimmen der h-Saite

Achtung, Ausnahme!
Die Töne **g** und **h** sind nur **vier Halbtöne** voneinander entfernt. **Greife die g-Saite deshalb im 4. Bund** und spiele sie an. Stimme die **leere h-Saite** danach.

Das Stimmen der e-Saite

Die Töne h und e sind wieder **fünf Halbtöne** voneinander entfernt. **Greife die h-Saite wieder am 5. Bund** und spiele sie an. Genau so hoch muss die leere e-Saite klingen.

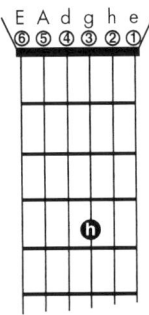
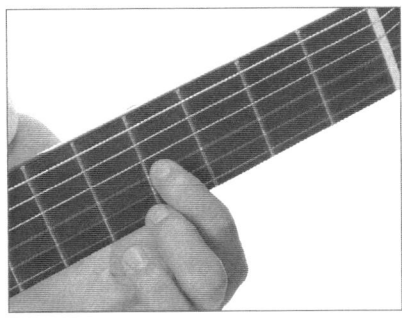

*Greife im **4. Bund** der g-Saite*

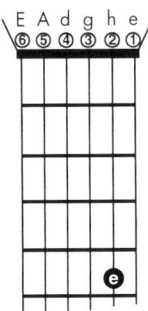
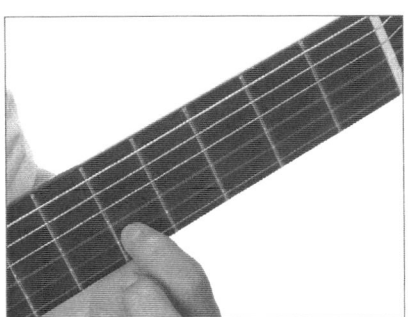

*Greife im **5. Bund** der h-Saite*

Das Stimmen mit Stimmhilfen

Vorausgesetzt, du findest den richtigen Ton auf der Tastatur, liefert ein Klavier oder Keyboard dir normalerweise die richtigen Tonhöhen. Du brauchst also lediglich am Klavier den Ton einer Leersaite anzuschlagen, um diese danach zu stimmen.

Stimmgabel, vgl. S. 9

Das Stimmen mit der *Stimmgabel* erfordert etwas Übung. Fasse die Stimmgabel knapp oberhalb der kleinen Kugel ganz am Ende und schlage einen der beiden Zinken gegen einen harten Gegenstand. Drücke die Kugel – ohne die Zinken zu berühren – gegen einen Resonanzkörper, z.B. Kopf, Tisch, Gitarre etc. Die Stimmgabel klingt jetzt genau so hoch, wie das **a'** im 5. Bund der hohen e-Saite klingen sollte. Nach diesem Ton kannst du dann deine hohe e-Saite stimmen. Danach stimmst du dann die h-Saite und die übrigen Saiten.

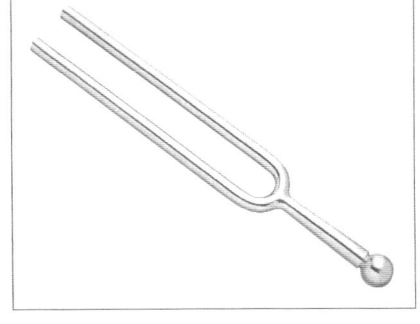

Stimmgerät, vgl. S. 9

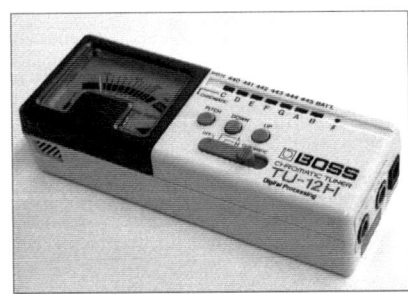

Am einfachsten geht's mit einem *elektronischen Stimmgerät*. Hier stellst du die gewünschte Saitentonhöhe ein. Wenn du die entsprechende Saite anspielst, zeigt das Gerät mit einer Nadel oder einer elektronischen Anzeige an, ob die Saite richtig, zu hoch, oder zu tief gestimmt ist.

Lektion 7

Das lernst du:

Die Sechzehntel Note

Die Punktierte Achtel Note

Die Sechzehntel

Wenn wir nach dem „Pizza-Prinzip" eine Achtel noch einmal zweiteilen, erhalten wir pro Achtel zwei **Sechzehntel**.

Eine Sechzehntel klingt nur **halb so lang** wie eine Achtel, wird also **doppelt so schnell** gespielt.

In dem Kreis oben fängt eine Sechzehntel auf der „**1**" an und klingt bis zur Hälfte der Strecke zwischen der „**1**" und dem ersten „**und**". Zu diesem Punkt können wir zum Beispiel „**die**" sagen.

Im **Notenbild** sehen Sechzehntel Note und Sechzehntel Pause so aus:

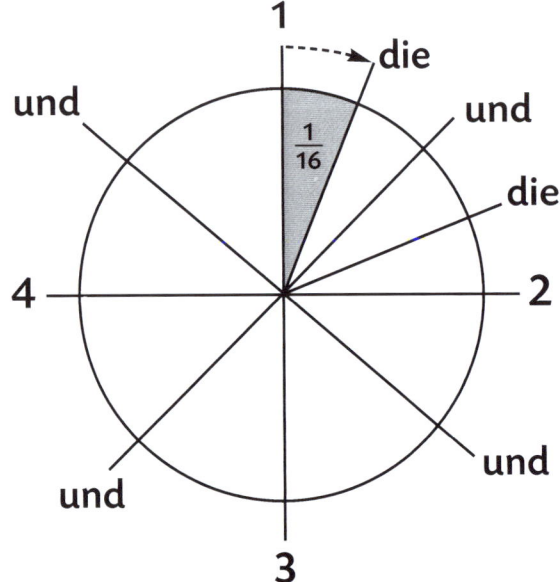

Sechzehntel Note   Sechzehntel Pause

Notenkopf →   2 Fähnchen

Zwei oder mehr als zwei Sechzehntel können mit einem **Doppelbalken** verbunden werden:

Zwei Sechzehntel klingen so lang wie **eine Achtel**:

Vier Sechzehntel klingen so lang wie **eine Viertel**.

Das Notenbeispiel unten wird wieder in den _Pizzarand_ übertragen.

Pizzarand,
vgl. S. 47

| **1** | die | und | die | **2** | die | **und** | die | **3** | **die** | und | die | **4** | **die** | **und** | die |

88 Übungen mit Sechzehnteln

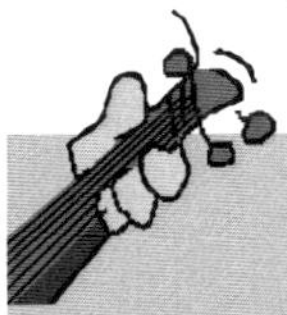

🖊 Trage vor dem Spielen die Zählzeiten unter den Noten ein.
Zeichne die Notenlängen als Pfeile in die leeren Pizzaränder ein.

36

a)

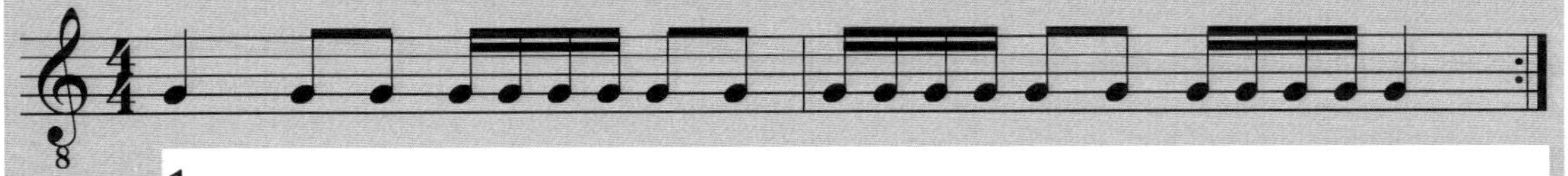

1

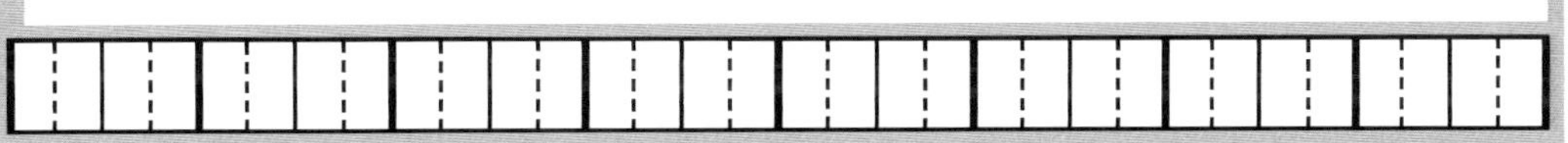

b)

1

c)

1

d)

1

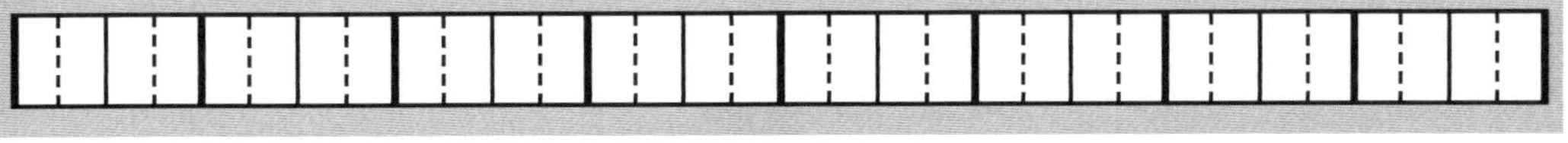

89 Andrea Olé

Volker Saure

i m i m ...

i m ...

i m ...

i m ...

90 Wechselspiel (Duo)

Volker Saure

91 Das Burgfest (Duo)

Volker Saure

92 Pollywolly Doodle (Duo)

Traditional aus Nordamerika

Schüler:

Lehrer:

Die Punktierte Achtel

Der *Punkt* verlängert die Note um die Hälfte des Notenwerts. Für die punktierte Achtel bedeutet das, dass zu den zwei Sechzehnteln (Achtel = zwei Sechzehntel) noch einmal die Hälfte dazu kommt, also eine Sechzehntel.

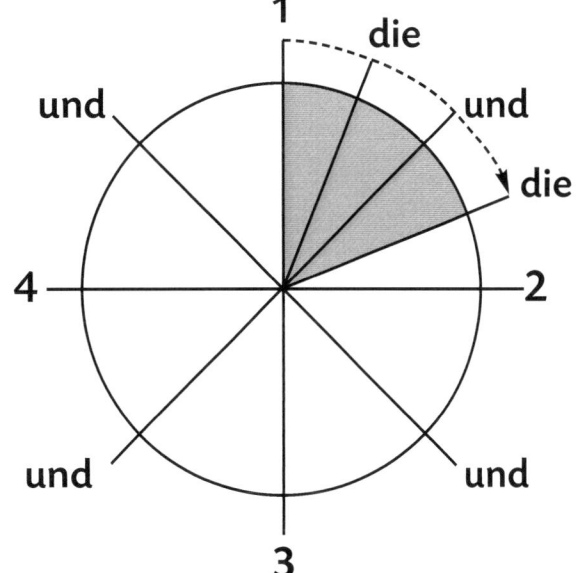

Punktierte Note, vgl. S. 56

✎ Zeichne auch punktierte Achtel auf anderen Startpunkten als der „eins" in den Kreis ein!

Punktierte Achtel

Fähnchen

Notenkopf ———→ ● • ←——— Punkt

Punktierte Achtel Pause

𝄾•

Eine punktierte Achtel kann auch mit einem **Balken** mit einer Sechzehntel verbunden werden:

♪. + ♬ = ♪♬

♬ + ♬ + ♬ = ♪.

Eine **punktierte Achtel** klingt so lang wie **drei Sechzehntel**:

Übertrage die nächste Übung wieder auf den Pizzarand!

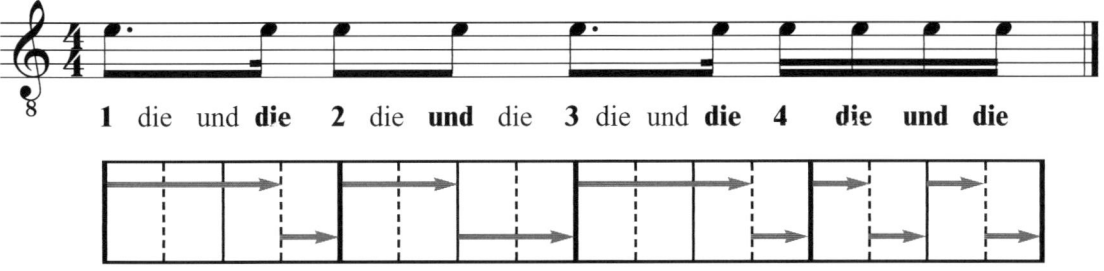

1 die und **die**   **2** die **und** die   **3** die und **die**   **4**   **die**   **und**   die

Trage vor dem Spielen die Zählzeiten unter den Noten ein.
Zeichne die Notenlängen als Pfeile in die leeren Pizzaränder ein.

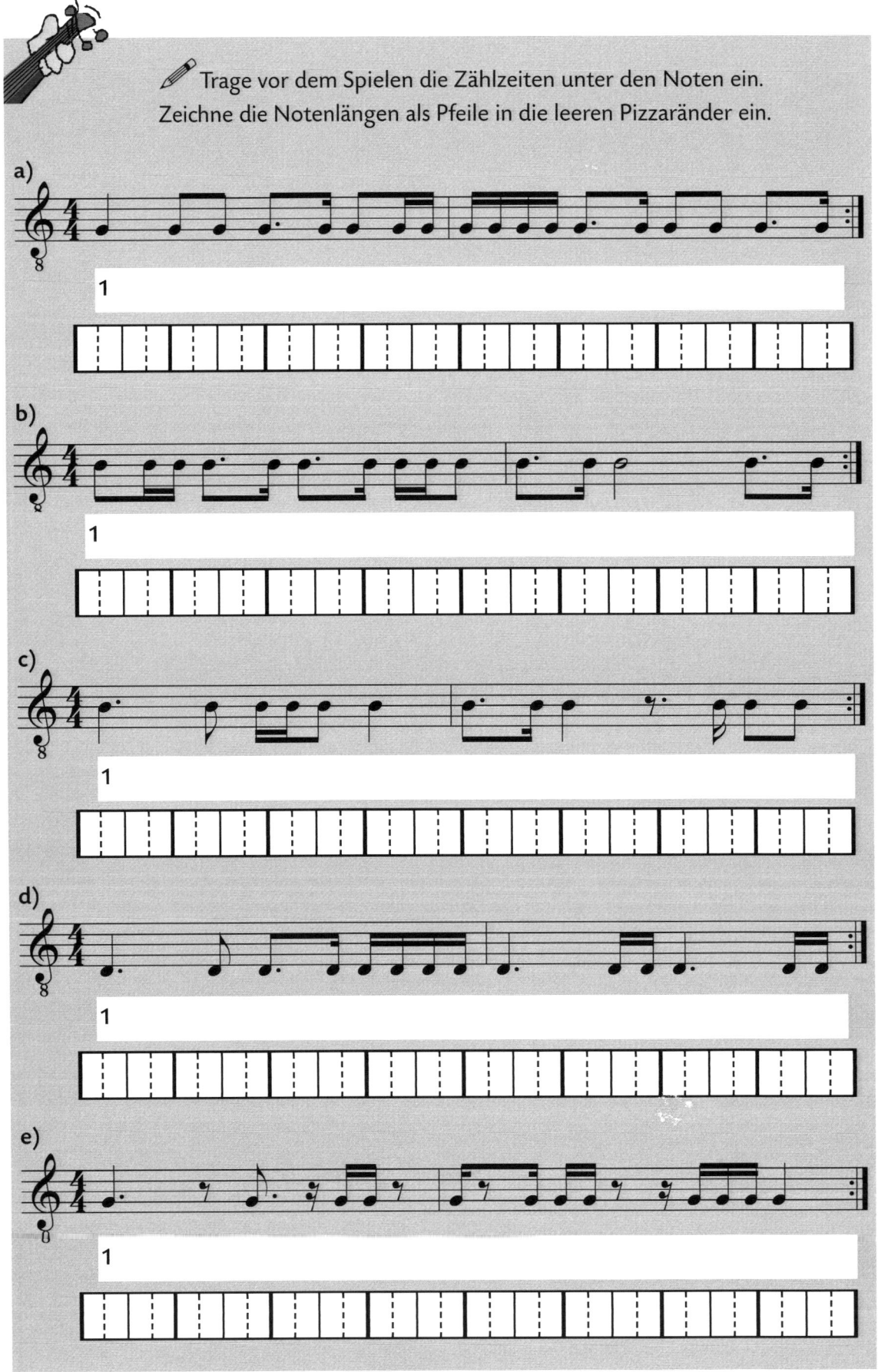

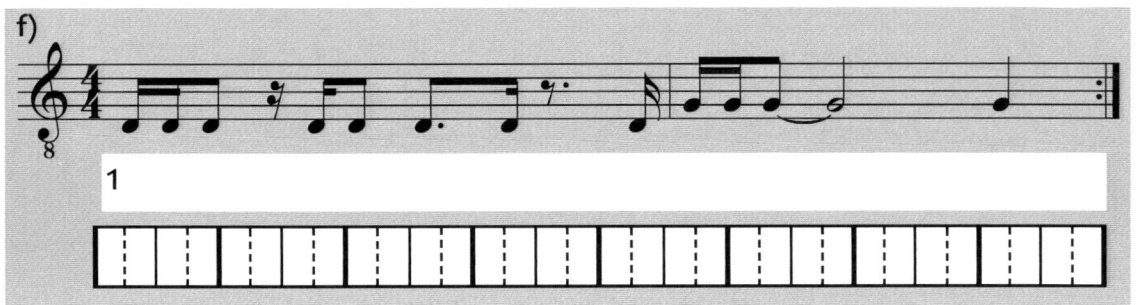

f)

1

94 Eurovisionsthema (Prélude aus Te Deum)

Musik: Marc-Antoine Charpentier (1634 - 1704)

langsam 40 schnell 41

CD:
Du beginnst
auf „2 und".
Manche Stücke
sind auf der CD in
zwei Tempi
eingespielt.
1. Übetempo
2. Originaltempo

Der 3/8-Takt

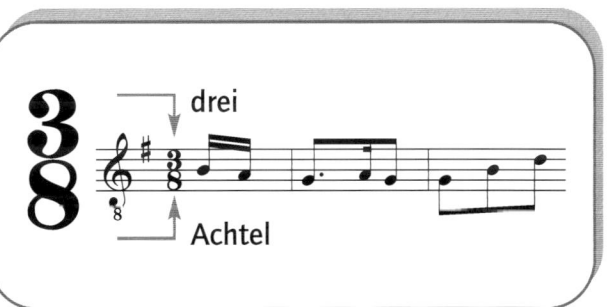

drei

Achtel

Das folgende Duo ist in einem 3/8-Takt geschrieben. Du zählst **Achtel**, nicht mehr Viertel, und die Sechzehntelschritte dazwischen heißen hier „und":

Beispiel

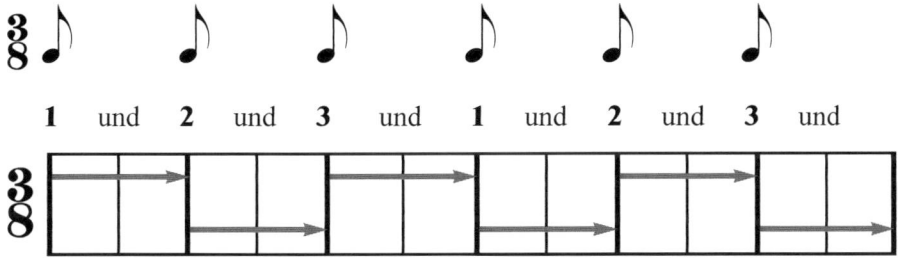

1 und **2** und **3** und **1** und **2** und **3** und

Bei einem 6/8-_Takt_ zählst du sechs anstatt drei Achtel!

Sklavenchor,
vgl. S. 110

langsam 42 schnell 43

95 Believe Me (Duo)

Thomas Moore (1779 - 1852)

CD: Ein ganzer Takt im Vorzähler. Danach beginnst du auf Zählzeit „3", also auf dem 5. Click.

Haltebogen, (vgl. S. 64)

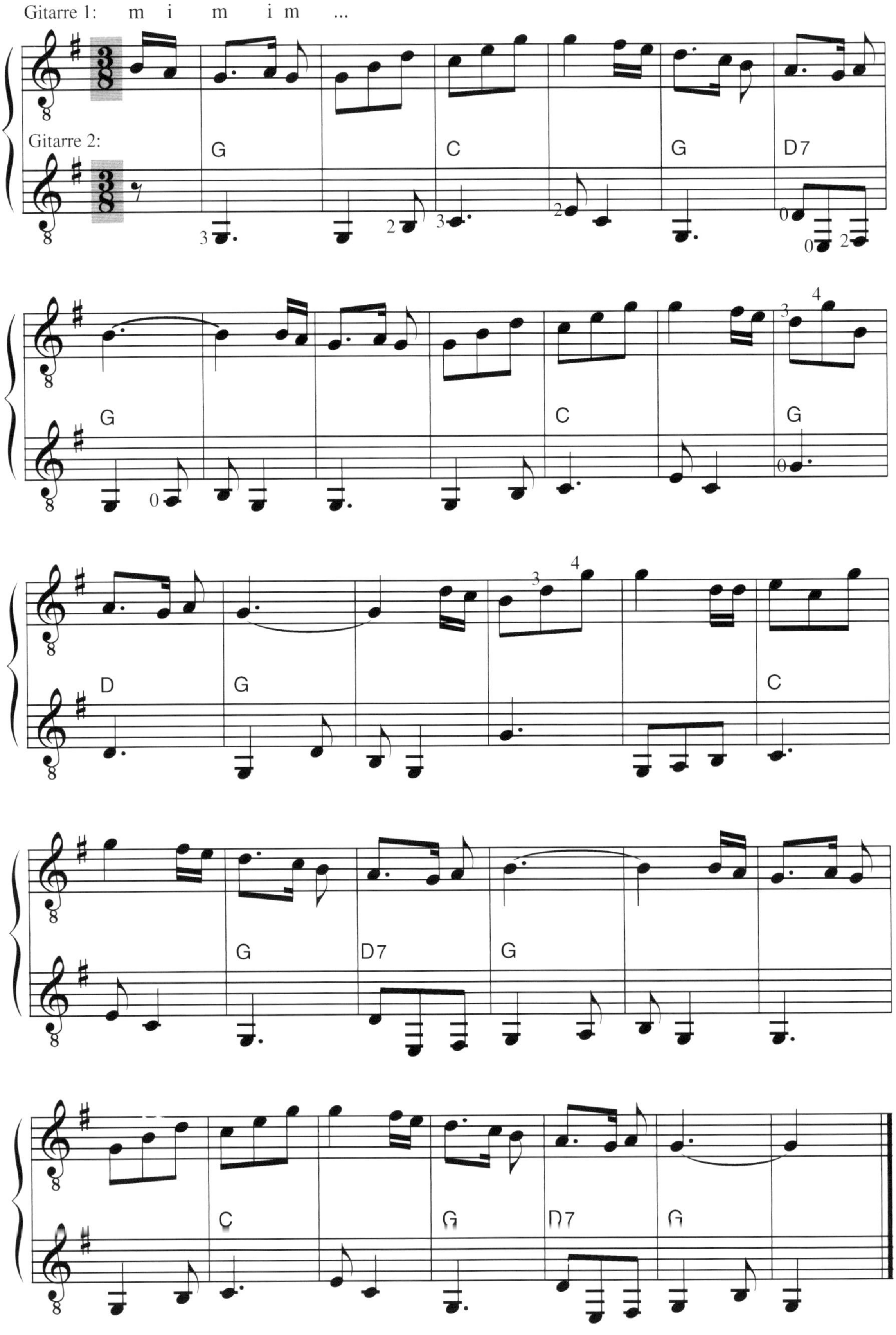

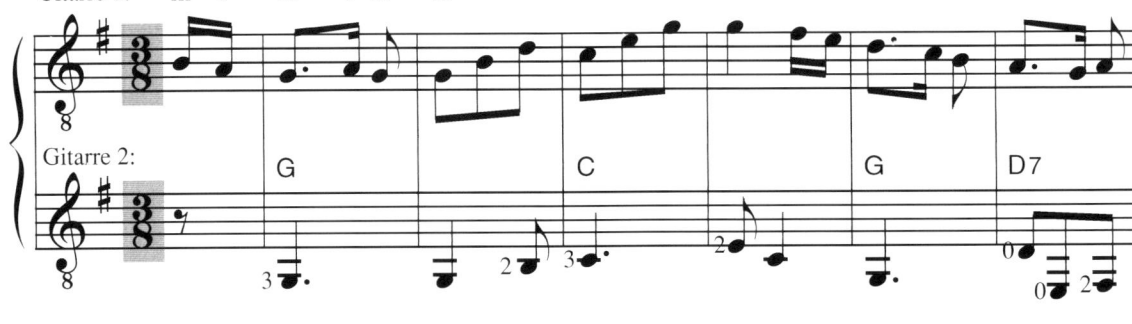

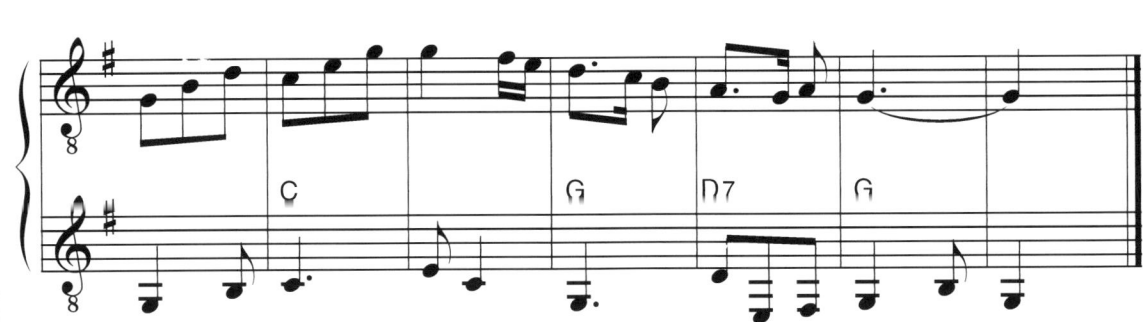

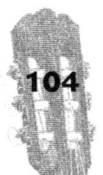

Lektion 8

Das lernst du:

Das zweistimmige Spiel

Tonleiter D-Dur

Überstreckung

Das zweistimmige Spiel

Beim **zweistimmigen Spiel** berühren alle Finger der *rechten Hand* die Saiten nur noch für die Zeit des Anschlags. Davor und danach schweben sie knapp über den Saiten. Auch der *Daumen* wird **nicht** auf einer Saite abgestützt, wenn er gerade nichts zu tun hat.

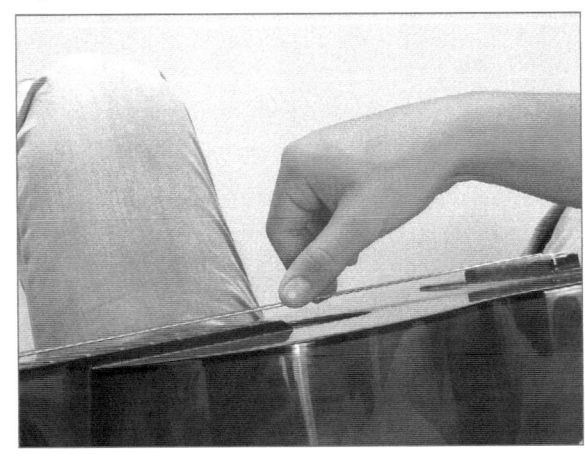

Es ist wichtig, dass der *Daumen* aus der Spielersicht **links** am *Zeigefinger* vorbeischlägt. Macht er das nicht, behindert er die anderen Finger beim gleichzeitigen Anschlag.

Noten, die übereinander stehen, werden gleichzeitig angeschlagen!

96 Vorübungen ohne linke Hand

a)

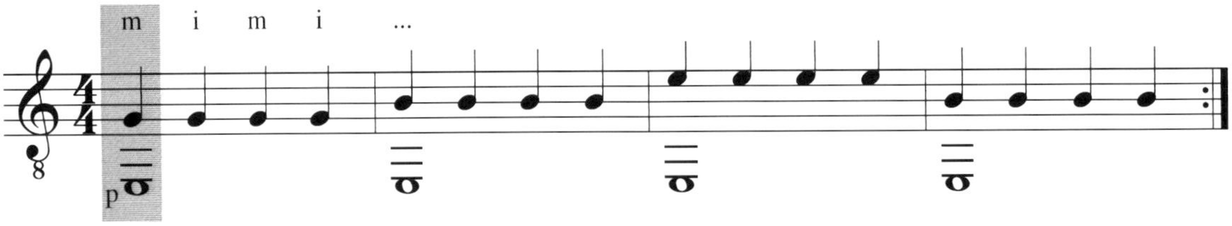

b)

c)

d)

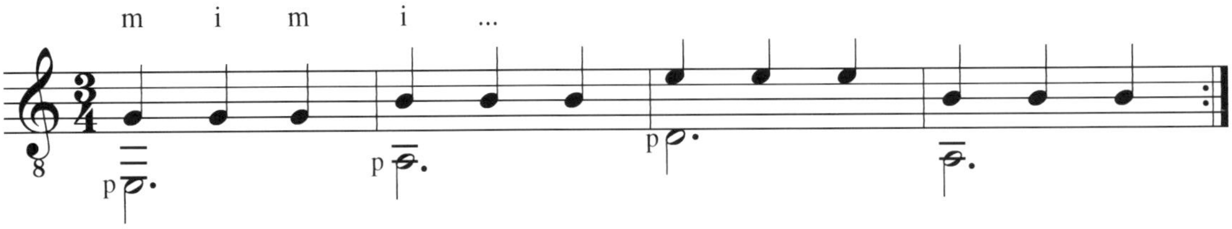

e)

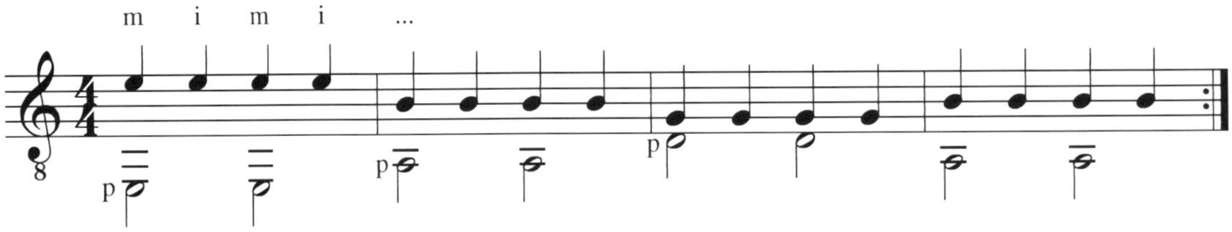

97 Übungen mit der linken Hand

a)

b)

98 Zweistimmiges Stück 1

Volker Saure

Saiten abdämpfen, vgl. Übung 35, S. 42

99 Zweistimmiges Stück 2

Volker Saure

100 Zweistimmiges Stück 3

Volker Saure

Wiederholungs-klammer, vgl. S. 75

101 Griechischer Wein (Duo)

Volker Saure

44

Achte auf die Dynamik, (vgl. S. 90)

102 Helens Tanz 1

Volker Saure

Saiten
abdämpfen,
vgl. Übung 35,
S. 42

Die Tonleiter in D-Dur

In der Tonart D-Dur werden **alle f zu fis** und **alle c zu cis** erhöht. An den Anfang eines Stückes wird zusätzlich zu dem **fis-Kreuz** ein weiteres Kreuz auf die Höhe des eingestrichenen **c'** geschrieben.

vgl.
Tonart
Dauervorzeichen,
S. 76

D-Dur Tonleiter

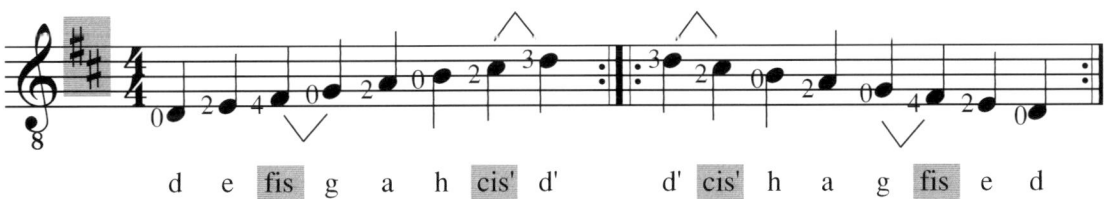

d e fis g a h cis' d'   d' cis' h a g fis e d

103 Tonleiter-Übung in der 2. Lage

Volker Saure

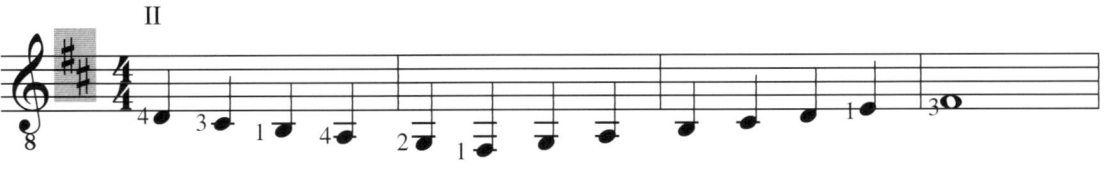

109 Lektion 8 - Die D-Dur Tonleiter

104 Menuett

Robert de Visée (1650 - 1725)

105 Gefangenenchor (aus: Nabucco)

Giuseppe Verdi (1813 - 1901)

Der **6/8-Takt** gehört zu den ungeraden Taktarten. Du zählst sechs Achtelzählzeiten (*vgl. S. 103*)!

106 Cielito Lindo

Überlieferte Melodie aus Mexiko

107 Brautmarsch

Richard Wagner (1813 - 1883)

108 Helens Tanz 2

Volker Saure

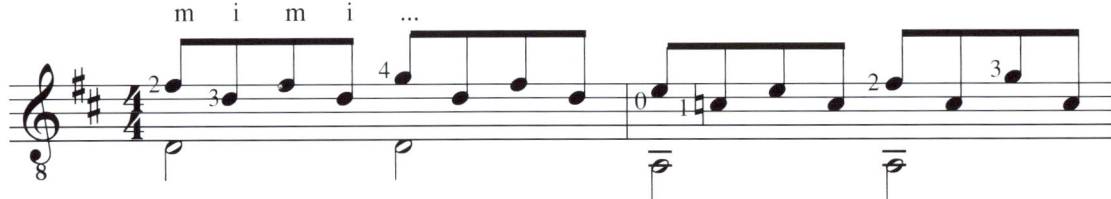

109 An der schönen blauen Donau

Johann Strauss (1849 - 1899)

*Überstreckung:
Damit der
1. Finger den
Ton dis erreichen
kann, ohne
die 2. Lage zu
verlassen, muss er
sich zum 1. Bund
hin strecken!

110 Wettlauf (Duo)

Volker Saure

langsam 45 **schnell 46**

Gitarre 1: m i m i ...

Fine

Gitarre 2: m i m i ...

Fine

Der Ton **d'** am
Anfang von
Gitarre 1
lässt sich mit
dem **kleinen
Finger (4)**
etwas einfacher
greifen!

D.C. al Fine

D.C. al Fine

D.C. al Fine

D.C. al Fine,
vgl. **S. 81**

Anhang

Der Arpeggio-Anschlag

Liedbegleitung

Fingerpicking

Akkordaufbau

Kleines Lexikon

Kopiervorlagen Pizzarand

Der Arpeggio-Anschlag

Von einem **Akkord** oder **Mehrklang** spricht man, wenn mehrere Töne **gleichzeitig** angespielt werden.

Beim _Arpeggio-Anschlag_ (**Harfen-Anschlag**) werden die Töne eines Akkordes in unterschiedlichen Kombinationen **nacheinander** gespielt. Diese Spielweise wird auch **Akkordzerlegung** genannt.

Beim Arpeggio-Anschlag auf der Gitarre wird auf jeder Saite nur **ein** Ton angespielt, und jede Saite wird mit einem **anderen** Finger angeschlagen.

Liedbegleitung, vgl. S. 131

Arpeggio-Übungen auf leeren Saiten

Die Finger der _rechten Hand_ berühren die Saiten nur für die Zeit des Anschlags. Dadurch klingen die nacheinander gespielten Töne ineinander; die Akkordzerlegung klingt so „voller". Da die Saiten **nicht abgedämpft** werden, klingen die Töne länger, als sie eigentlich _notiert_ sind. Das gilt auch bei Arpeggien mit gegriffenen Saiten.

Notation (Lexikon), vgl. S. 137

111 Arpeggio-Übungen

a = Ringfinger Fingerbezeichnungen, vgl. S. 33

g)

Bei Arpeggien mit gegriffenen Saiten bleiben die Finger der **linken Hand** während des Akkordes – meistens bis Balkenende – liegen. Falls einer dieser Töne im nächsten Akkord noch einmal vorkommt, bleibt der Finger nach Möglichkeit bis dahin weiter liegen.

Bei den beiden folgenden Stücken wird der letzte _Akkord_ „zusammengezogen". Die Töne werden also **nicht nacheinander**, sondern **gleichzeitig** gespielt!

Akkord, vgl.
_S. 120_

112 Abwärts

Volker Saure

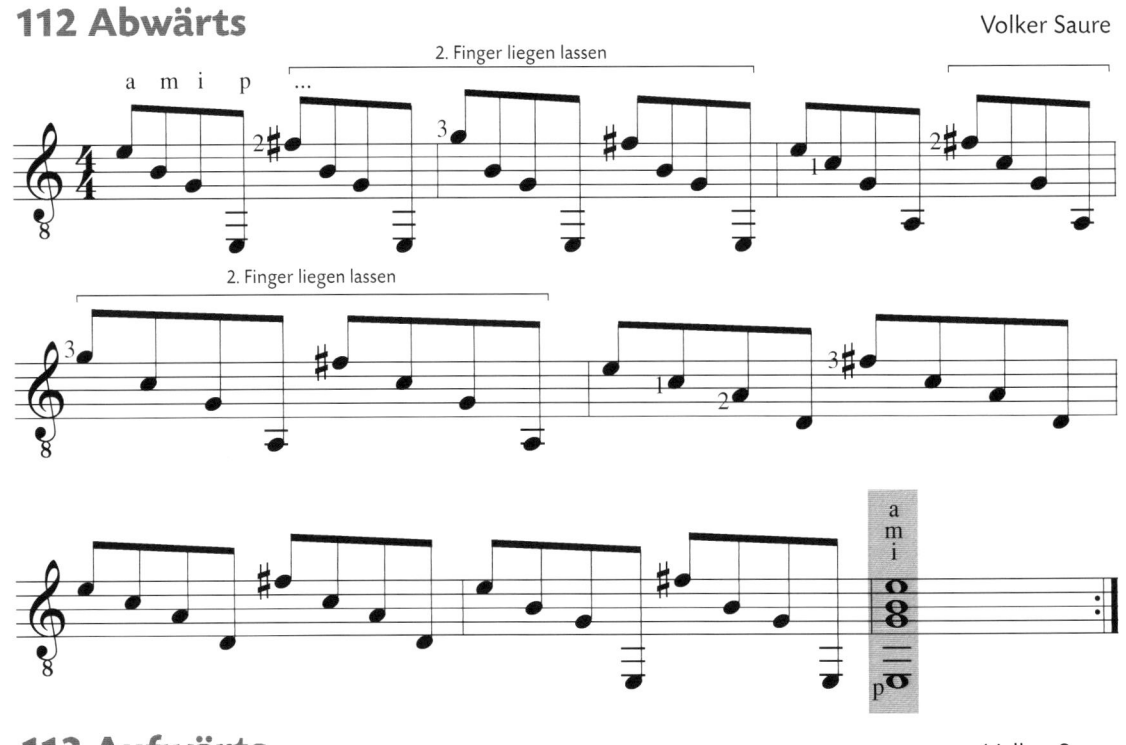

Noten, die
übereinander
stehen, werden
gleichzeitig
angeschlagen!

113 Aufwärts

Volker Saure

*Der Ton **d'**
wird hier mit
dem **kleinen**
Finger (4)
gegriffen.
Würde man
den 3. Finger
nehmen, müsste
er zum
tiefen C im
nächsten Takt
einen großen
Sprung machen!

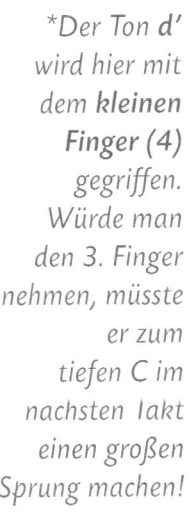

114 Präludium

Matteo Carcassi (1792 - 1853)

47

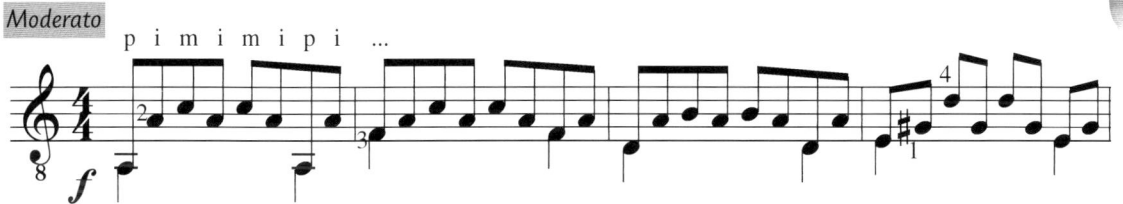

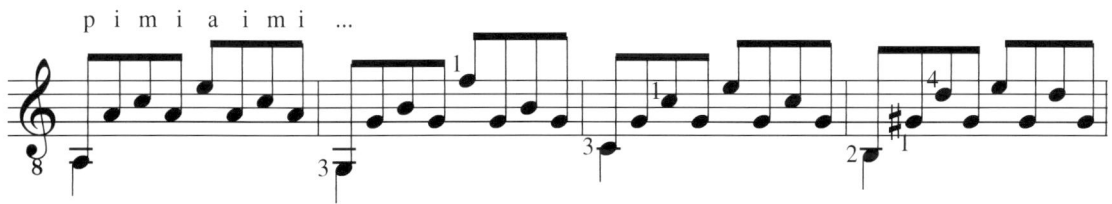

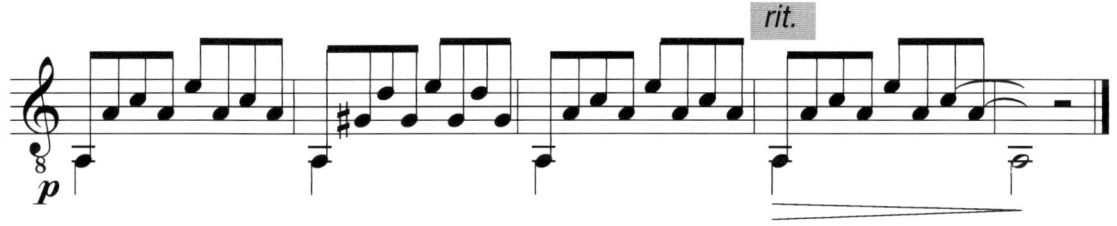

*rit. =
ritardando
(langsamer
werdend)*

115 Allegro

Mauro Giuliani (1781 - 1829)

Die Ziffern im Kreis (① ③) geben die Saiten an, auf denen gegriffen wird.
① = e-Saite
③ = g-Saite

116 Asturias

Isaac Albéniz (1860 - 1909)

Anhang - Der Arpeggio-Anschlag

Liedbegleitung und Fingerpicking

Alle Liedbegleitungen werden auf **Akkorden** aufgebaut, die mit der **linken Hand** gegriffen werden. Die verschiedenen Begleitstile unterscheiden sich eigentlich nur darin, auf welche Art und in welcher Reihenfolge die Akkorde mit der **rechten Hand** angespielt werden. Hier werden die vier bekanntesten Techniken vorgestellt.

Was ist ein Akkord?

Dur-Tonleitern vgl. S. 72ff.

Auf *Seite 72* haben wir die erste Tonleiter kennengelernt. Spielt man von einer Tonleiter den 1., den 3. und den 5. Ton nacheinander oder gleichzeitig an, erhält man einen **Dreiklang. Der Dreiklang ist die Basis des Akkords.**

Als Beispiel nehmen wir die **Tonleiter in C-Dur**:

Die C-Dur Tonleiter

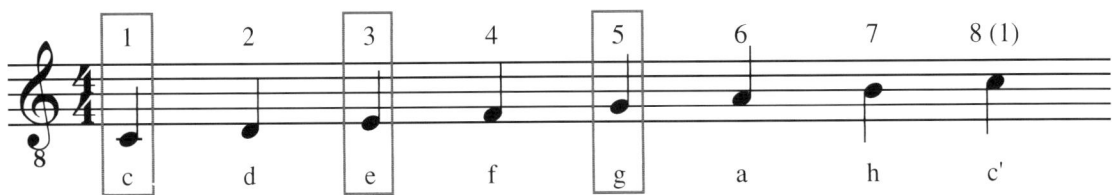

Der C-Dur Dreiklang

Schichten wir den 1., 3. und 5. Ton der Dur-Tonleiter übereinander, erhalten wir einen Dur Dreiklang.

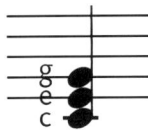

Lexikon, vgl. S. 137

Eine *Oktave* höher sieht der Dur Dreiklang so aus:

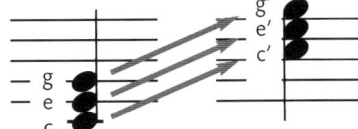

Eine Oktave höher

Für einen Akkord kann jeder Ton des Dreiklangs in allen Oktaven verwendet werden. Mit den bis jetzt gelernten Tönen können wir für einen C-Dur Akkord also bis zu **acht Töne** verwenden.

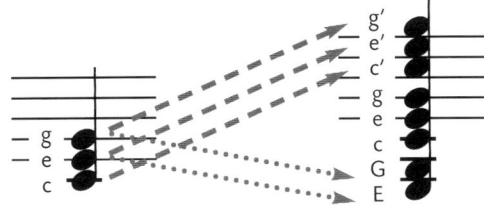

Damit der Zuhörer einen Akkord „erkennen" kann, müssen zumindest die Töne der 1. und 3. Stufe der jeweiligen Tonleiter gespielt werden.

Der Klangcharakter eines Akkords verändert sich vor allem durch die Wahl des tiefsten Tons, des Basstons also.

Bei der gebräuchlichsten Art von Akkorden steht der **Grundton, in diesem Fall das c,** im **Bass** und die **Töne** des **Dreiklangs** darüber:

In der **Liedbegleitung** auf der Gitarre werden die Töne eines Akkords so ausgewählt, dass mehrere nebeneinander liegende Saiten - leer oder gegriffen - gespielt werden können. Nur so können die Akkorde auch mit dem *Daumen* oder dem *Plektrum* **gestrichen** werden.

Auf diese Weise entstehen die **Akkordgriffe**, die als **Buchstaben** über vielen Liedern geschrieben stehen.

Dur Akkorde

Groß geschriebene Buchstaben stehen dabei für einen **Dur Akkord**:

C = C-Dur Akkord
G = G-Dur Akkord
F = F-Dur Akkord
usw.

Moll Akkorde

Großbuchstaben mit einem hinzugefügten „m" bzw. **Kleinbuchstaben** stehen für einen **Moll Akkord**:

Cm = C-Moll Akkord	**c** = c-moll Akkord
Gm = G-Moll Akkord	**g** = g-moll Akkord
Fm = F-Moll Akkord	**f** = f-moll Akkord
usw.	usw.

Dur und **Moll** sind die beiden Tongeschlechter. Dur-Tonarten haben einen harten, heiteren Klang, Moll-Tonarten klingen weicher und melancholischer.

Die wichtigsten Akkorde in Griffbildern

*Die mit einer **o** gekennzeichneten Saiten werden als **leere Saiten** mitgespielt. In den Notenbildern unter den Griffbildern stehen alle gegriffenen Töne zusammen mit den möglichen Tönen auf den Leersaiten.*

*Bei dem **F-Dur** Griff wird das erste Fingerglied **quer** über die e- **und** die h-Saite gelegt. Wenn das anfangs Schwierigkeiten bereitet, kann auch nur das **c'** auf der h-Saite gegriffen werden. Die leere e-Saite wird dann **nicht** mit angeschlagen!*

*Bei dem **Dm**-Griff lässt sich das **d'** besser mit dem **4. Finger** greifen.*

C

G

D

A

E

F

Am

Em

Dm

Wenn die Akkordtöne **gleichzeitig** angespielt bzw. mit dem *Daumen* gestrichen oder mit dem *Plektrum* angeschlagen werden, greift die linke Hand alle Töne **auf einmal**.

Sollen die Töne **nacheinander** – je nach Liedbegleitungsart – gespielt werden, werden die Töne auch **der Reihe nach** gegriffen und bis zum Akkordwechsel liegengelassen.

Die folgenden Akkorde sind **Dominantseptakkorde**. Ihnen wird zusätzlich zu den Tönen des Dreiklanges noch die *kleine Sept* hinzugefügt. Das ist der Ton, der zwei Halbtöne unter dem *Oktavton* steht.

Lexikon, *vgl. S. 137*

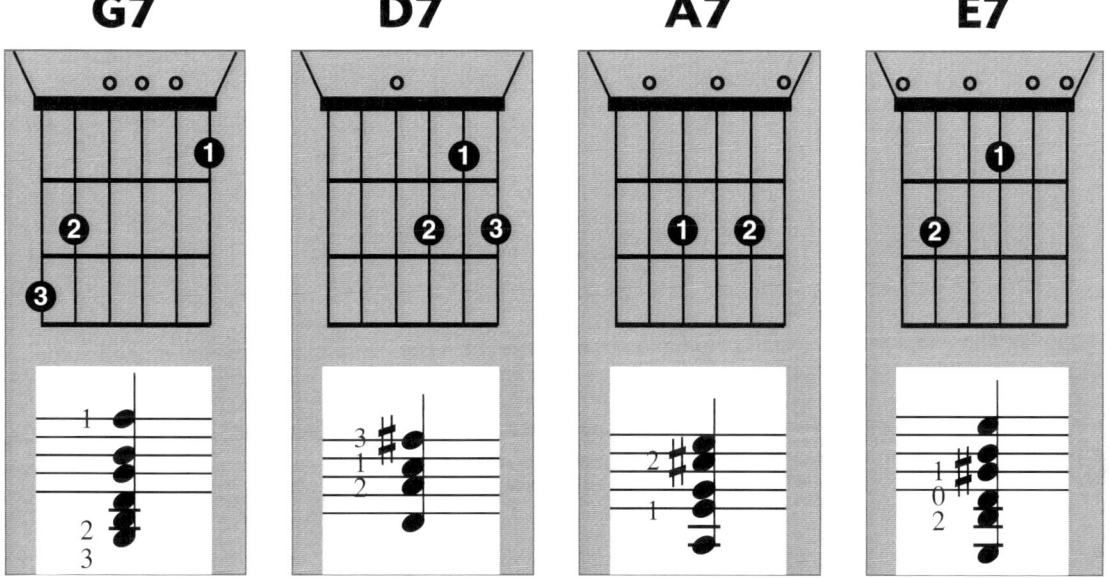

Liedbegleitung „Tief - Hoch"

Diese Art der Begleitung wird oft in der Folklore verwendet. Im 3/4-Rhythmus eignet sie sich besonders gut als „Walzertakt"-Begleitung.

„Tief-Hoch" bedeutet, dass zuerst der **Basston** (tief) des Akkords mit dem *Daumen* und dann drei der **Akkordtöne** (hoch) **gleichzeitig** mit den *Fingern* angeschlagen werden.

117 Übungen „Tief - Hoch"

118 Die Gedanken sind frei (Duo)

Text überliefert aus dem 18. Jahrhundert
Musik: überliefert um 1815

Ein ganzer Takt im **50** *Vorzähler. Danach beginnt die Gitarre 1 auf Zählzeit „3", also nach dem fünften Click und die Gitarre 2 auf der darauf folgenden Zählzeit „1".*

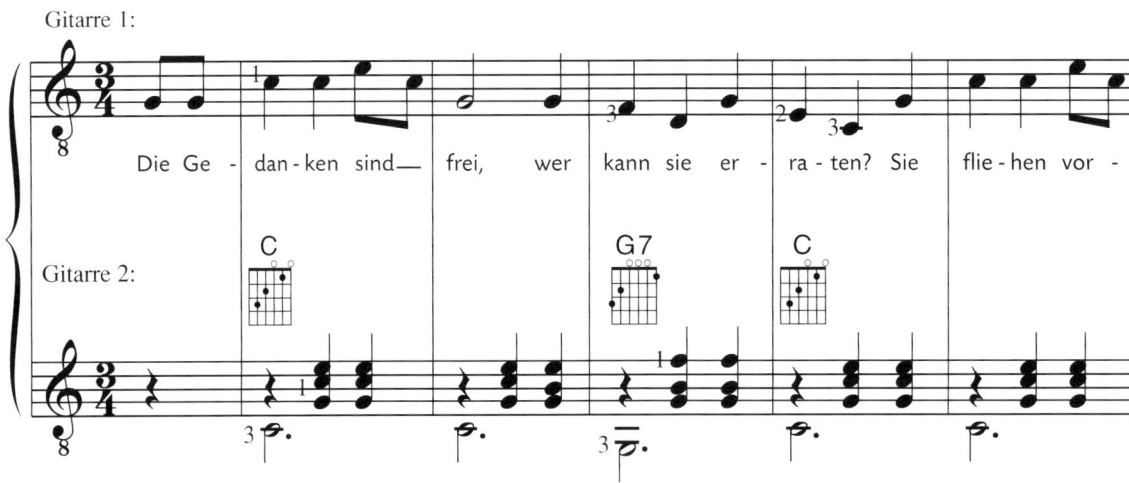

Die Ge - dan - ken sind— frei, wer kann sie er - ra - ten? Sie flie - hen vor -

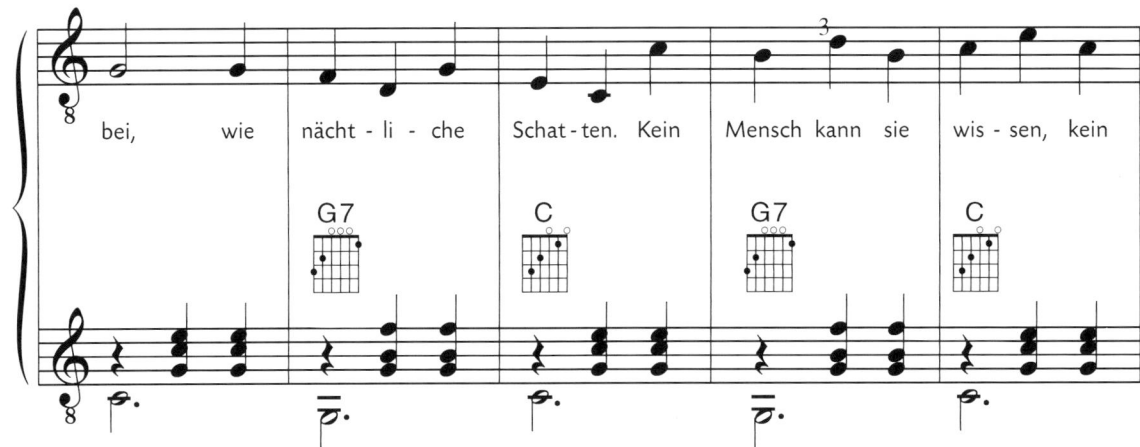

bei, wie nächt - li - che Schat - ten. Kein Mensch kann sie wis - sen, kein

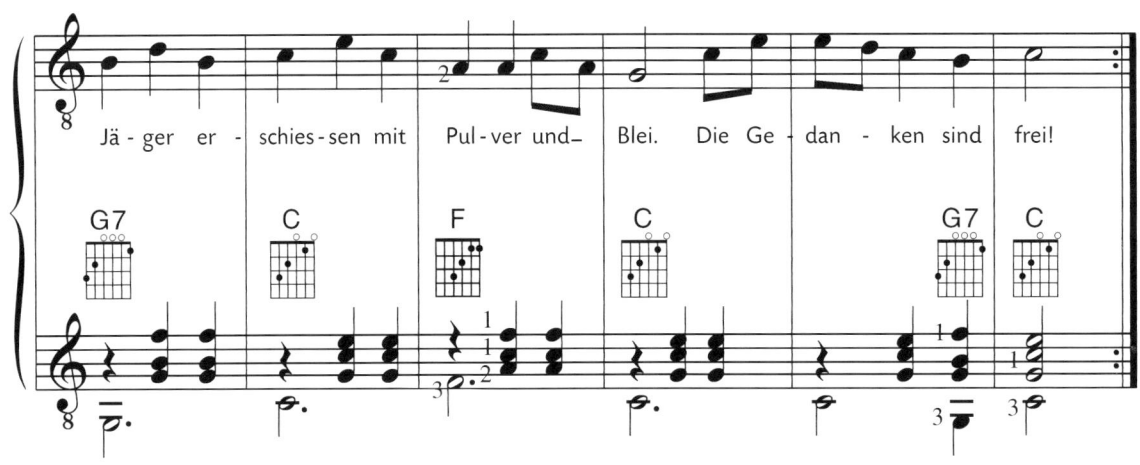

Jä - ger er - schies - sen mit Pul - ver und— Blei. Die Ge - dan - ken sind frei!

119 The Spanish Lady (Duo)

Traditional aus Irland

Gitarre 1:

Gitarre 2:

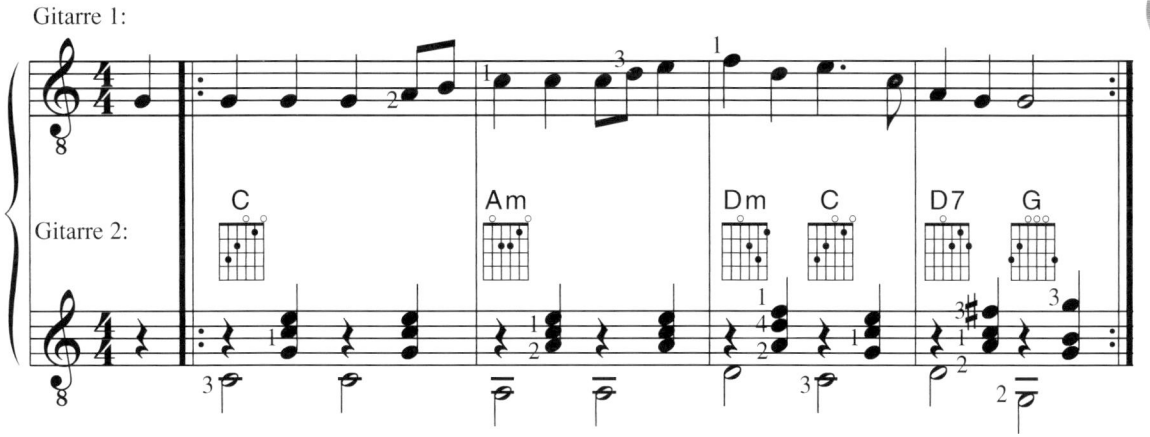

CD:
51 *Gitarre 1 beginnt nach dem dritten Click, die Gitarre 2 einen Ton später.*

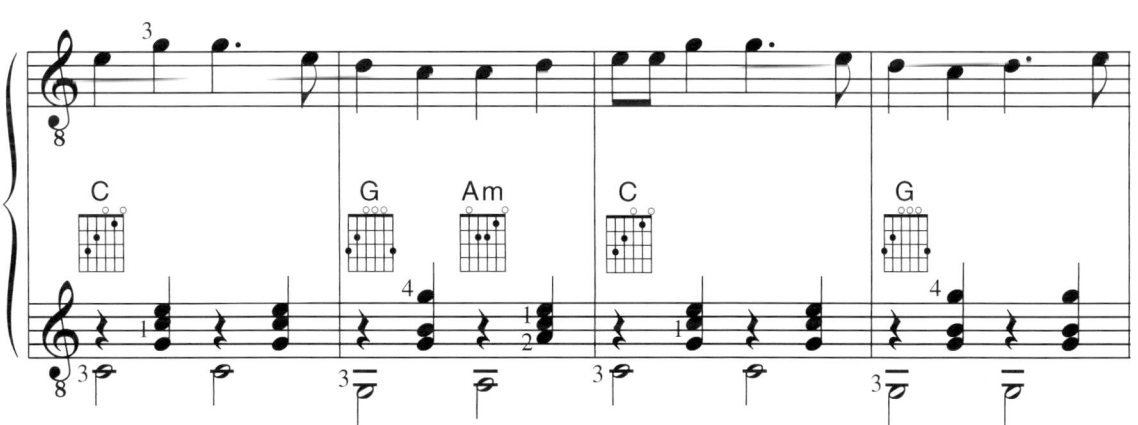

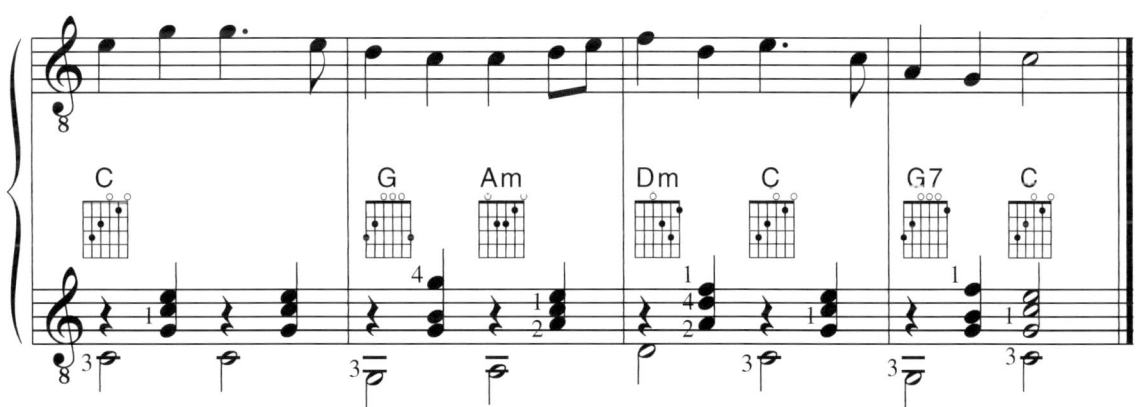

Liedbegleitung „Tief - Hoch" mit Wechselbässen

Meistens ist der mit dem *Daumen* angespielte Basston gleichzeitig auch der Grundton des Akkords. Wenn ein anderer Ton des Akkord-Dreiklanges als Basston gespielt wird, oft **abwechselnd** mit dem Grundton, nennen wir dies **Wechselbass**.

Notiert werden die Wechselbässe als **Notennamen** neben dem eigentlichen Akkord-buchstaben.

120 Übungen Wechselbässe

a)

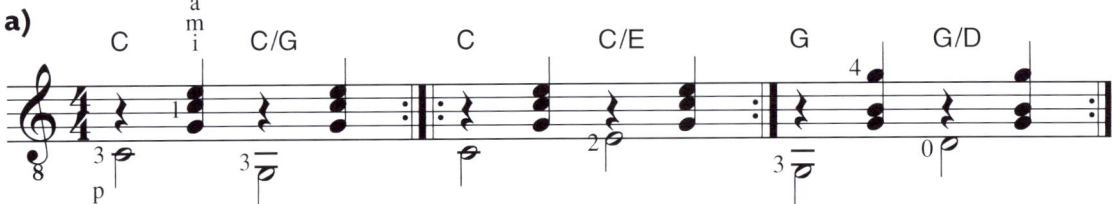

b)

c)

d)

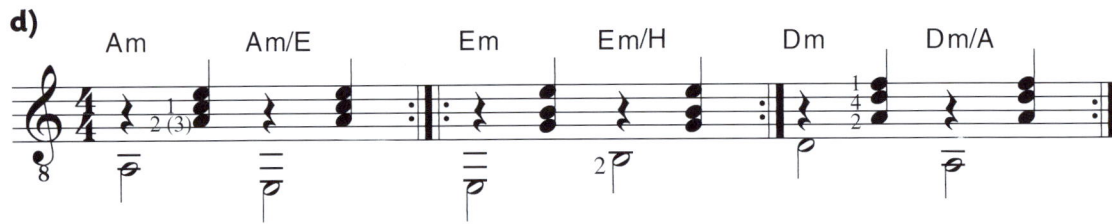

In *Aura Lee* - einem amerikanischen Song, der Grundlage für **Elvis Presleys** *Love Me Tender* war - können zwei verschiedene Begleitungen gespielt werden. Die erste ist **ohne**, die zweite **mit Wechselbässen**

121 Aura Lee (Trio)

Traditional aus Nordamerika

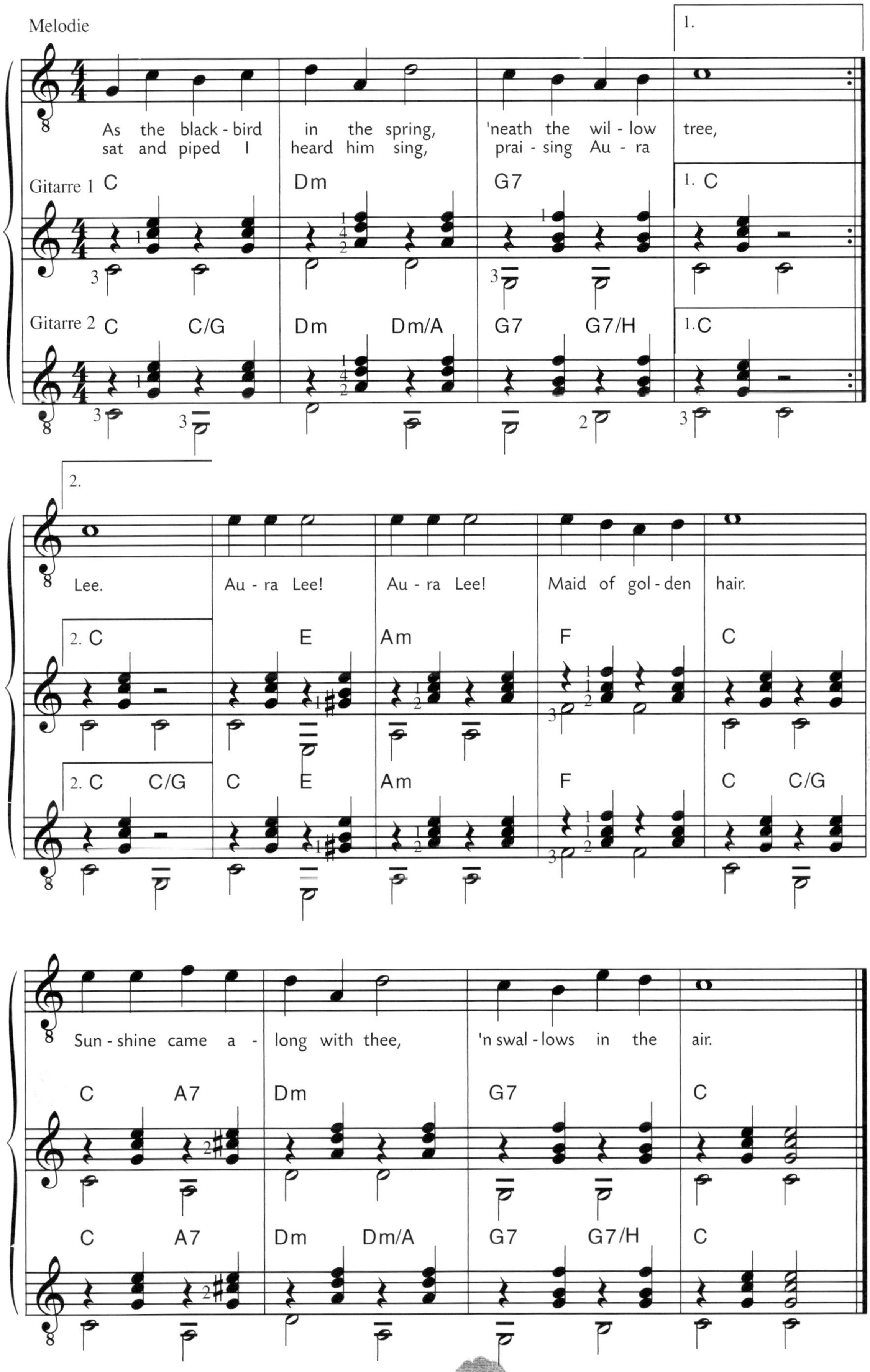

Melodie

As the black-bird | in the spring, | 'neath the wil-low | tree,
sat and piped I | heard him sing, | prai-sing Au - ra

Gitarre 1 C   Dm   G7   1. C

Gitarre 2 C C/G Dm Dm/A G7 G7/H 1. C

Trio vgl. Lexikon, S. 135

2. Lee. Au - ra Lee! Au - ra Lee! Maid of gol-den hair.

2. C   E Am   F   C

2. C C/G C E Am   F   C C/G

Sun-shine came a - | long with thee, | 'n swal-lows in the | air.

C A7 Dm   G7   C

C A7 Dm Dm/A G7 G7/H C

Liedbegleitung mit der Western-Technik

Bei der Western-Technik wird zuerst der **Basston** mit dem *Daumen* angeschlagen. Danach streicht der *Zeigefinger* in einer schnellen Bewegung ein oder mehrmals über die anderen Saiten nach oben oder unten. Die Richtung ist durch einen Pfeil vor den Noten angegeben.

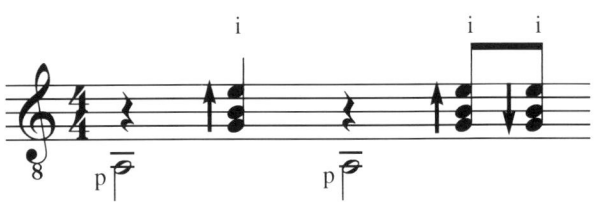

122 Übungen mit der Western-Technik

a)

b)

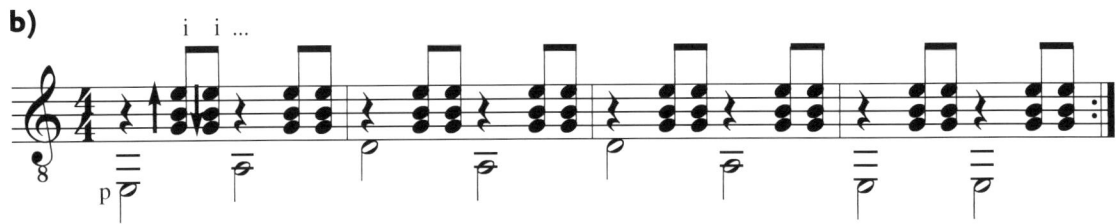

c)

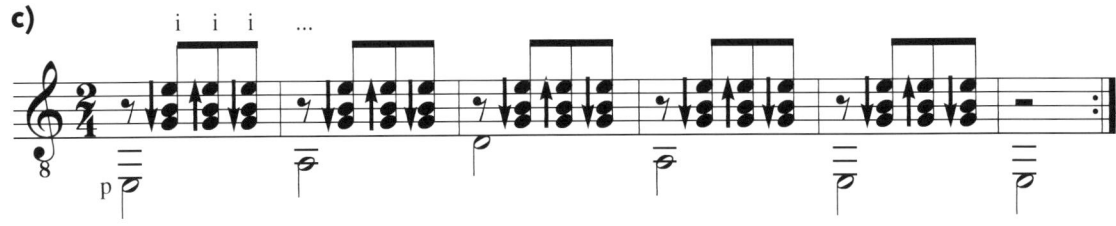

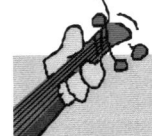

The Spanish Lady vgl. S. 125

✏ Übe diese Grundformen auch mit den Wechselbass-Akkorden von **119 The Spanish Lady** *(vgl. S. 125)!*

123 The Streets of Laredo (Duo)
(Cowboy's Lament)

Traditional aus Nordamerika

Gitarre 1:

1. As I —— walked out in the streets of La - re - do, as I walked
2. "I see by your out - fit that you are a cow-boy", these words he did

Gitarre 2:

C · Dm · Am · G 4 · Am

Anschlag gleich bleibend!

out in La - re - do one day. I spied a young cow - boy all
say as I bold - ly stepped by. "Come, sit down be - side me and

Dm · C · G · C · Dm

wrapped in white lin - nen, wrapped in white lin - nen as cold as the clay.
hear my sad stor - y; I'm shot in the breast and I'm go - ing to die."

Am · G · Am · Dm · G7 1 · C

124 Swanee River (Duo)

Traditional aus Nordamerika

Liedbegleitung mit Arpeggien

Viele der typischen Liedbegleitungen sind nichts anderes als Arpeggien. Mit den *Arpeggio-Übungen 111 a) bis 111 g)* lassen sich viele Lieder begleiten.

Arpeggio-Übungen, vgl. S. 115/116

125 Should Auld Aquaintance (Duo)

Traditional aus Schottland

CD:
Ein ganzer
Takt im **55**
Vorzähler.
Danach
beginnt Gitarre 1
auf Zählzeit „3"
(nach Click 5)
und Gitarre 2
einen Ton später.

126 The House of the Rising Sun (Duo)

Traditional aus Nordamerika

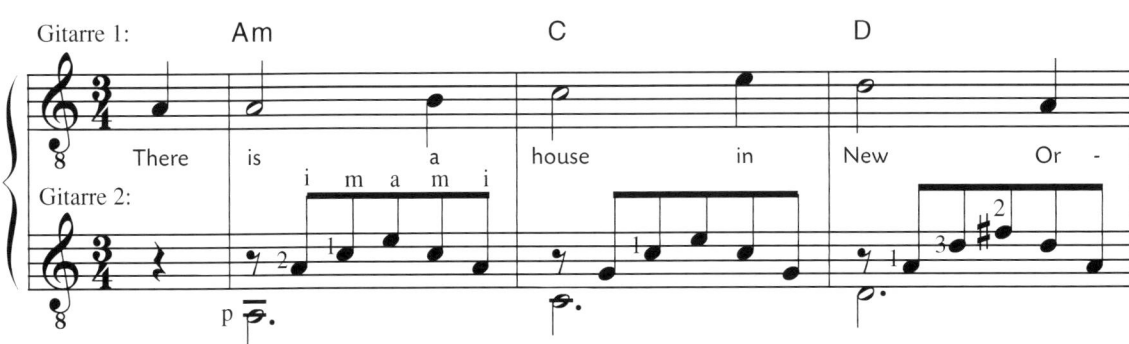

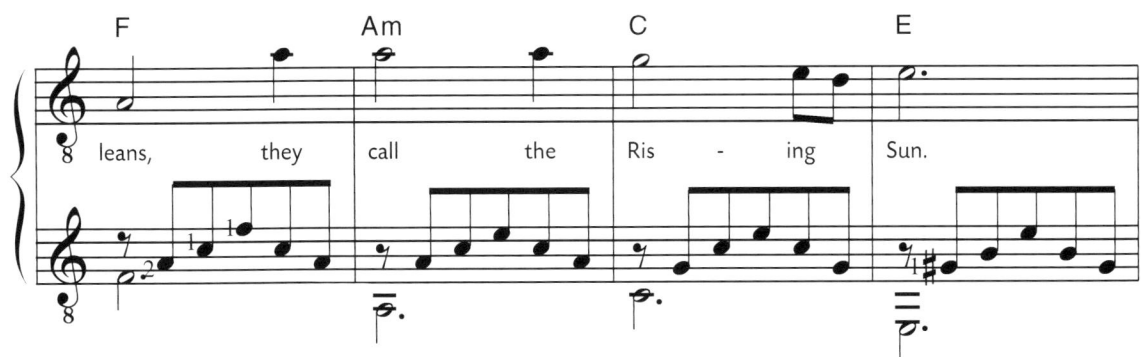

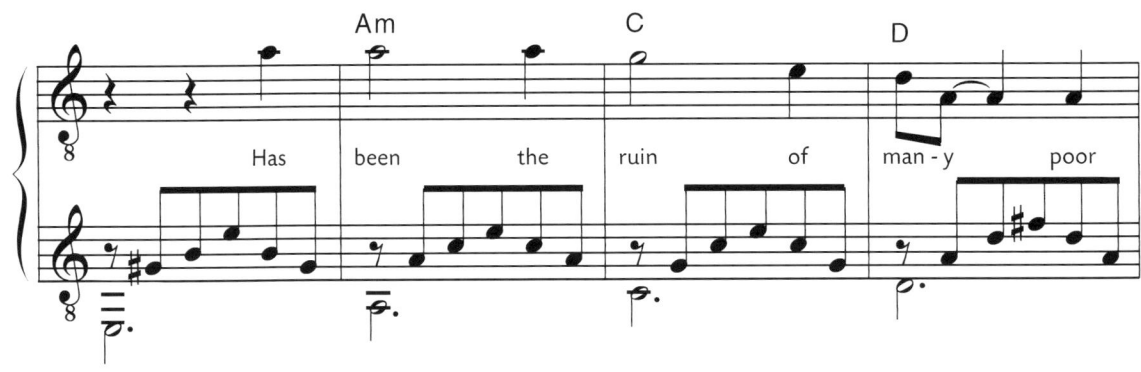

Fingerpicking

Die Technik des **Fingerpickings** wurde in Nordamerika Anfang des 20. Jahrhundert entwickelt. Der *Daumen* spielt die Wechselbässe, und die übrigen *Finger* können zusätzlich eine ganze Melodie oder Teile davon übernehmen.

Daumen und *Finger* spielen in einer festgelegten Reihenfolge, einem **Pattern**. Der Griff bzw. Akkord in der *linken Hand* bestimmt dabei, welcher *Finger* welche Saite anschlägt.

Natürlich gibt es viele verschiedene Patterns, hier werden nur die populärsten vorgestellt.

127 Picking Grundformen 1

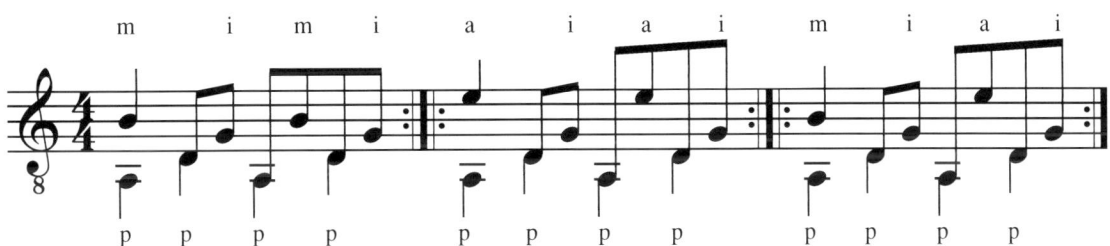

128 Picking Grundformen 2

129 Picking Grundformen 3

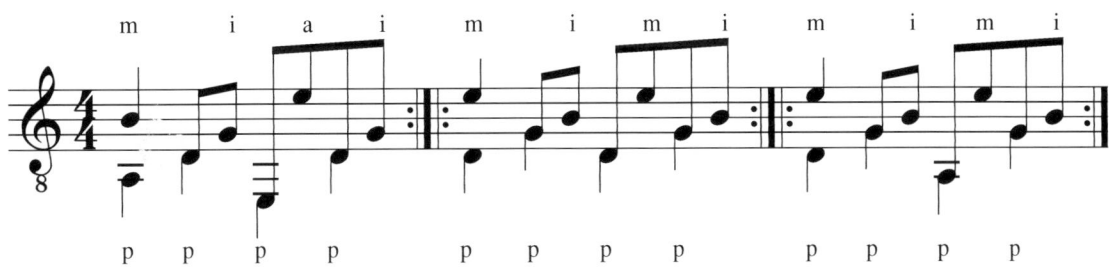

Wandermelodie auf den hohen und tiefen Saiten

Hier bleibt ein Teil des Akkords liegen, und der höchste oder tiefste Ton „wandert" nach oben oder unten. Durch solche Bewegungen können Melodien oder Melodieteile gespielt werden, ohne das Pattern zu unterbrechen.

130 The Melody Wanderer

Bei den folgenden zwei Übungen wird zusätzlich in Takt 3 bzw. 5 ein Ton aus klanglichen Gründen geändert.

131 The Bass Wanderer 1

132 The Bass Wanderer 2

Kleines Lexikon

Zählen zur Musik

Hoch oder tief?

Duos und mehr ...

Auch Berufsmusiker „zählen" auf irgendeine Art, wenn sie ein neues, rhythmisch anspruchsvolles Stück üben. Ob sie dabei mit dem Fuß klopfen, den Oberkörper hin und her bewegen, leise oder laut die Zahlen sprechen, ist nicht wichtig. Auch zu welchem Notenwert „gezählt" wird, ist beinahe egal. Hauptsache, das am Anfang gewählte Zähltempo, das **Metrum**, bleibt so weit wie möglich gleich.

Was die Sänger nicht können, das laute Mitzählen, sollten die Gitarristen nutzen, da es eine viel bessere Kontrolle über eventuelle Schwankungen des Metrums ermöglicht.

Vorsicht bei den Bezeichnungen „hoch" und „tief"! **Damit ist immer die Tonhöhe gemeint**, nie der Ort, wo am Instrument ein Ton entsteht.

Die **tiefe E-Saite** z.B. ist zwar ein paar Zentimeter **höher** über dem Boden als die **hohe e-Saite**, aber sie produziert eben den **tieferen** Ton.

Auch auf den einzelnen Saiten befinden sich die **höheren** Töne auf dem Griffbrett zunehmend in Richtung Schallloch, kommen also dem Boden immer näher.

Duo: Musikstück für *zwei* unterschiedliche Instrumente
Duett: Musikstück für *zwei* Sänger/innen bzw. *zwei* gleiche Instrumente
Trio: Musikstück für *drei* Instrumente oder eine Musikgruppe bestehend aus *drei* Musikern.
Quartett: Musikstück für *vier* Instrumente oder eine Musikgruppe bestehend aus *vier* ...
Quintett ... *fünf*, **Sextett**: ... *sechs*, **Septett** ... *sieben* und **Oktett** ... *acht* ...

Wenn eine Saite im **12. Bund** gegriffen wird, klingt sie sehr ähnlich wie die leere Saite. Das kommt daher, dass nur noch die Hälfte der Saite schwingt, und zwar genau doppelt so schnell wie die leere Saite. Dieser Tonabstand von **12 Halbtonschritten** (12 Bünden) heißt **Oktave**.

Im westlichen Kulturkreis werden als Basis für einfache Lieder häufig nur 7 dieser 12 Töne verwendet, die sieben Töne einer Tonleiter.

Die Intervalle

Die **Oktave** gehört zu den **Intervallen** in der Musik (*lat.: intervallum - Zwischenraum*). Intervalle beschreiben den Abstand zweier Töne zueinander. Auf der Gitarre beträgt der kleinste Abstand zwischen zwei Tönen einen Bund (Halbtonschritt). Die gängigsten Intervalle innerhalb der Oktave sind:

1 Prime (Einklang - Abstand: 0 Bünde)
2 kleine Sekunde (Abstand: 1 Bund)
3 große Sekunde (Abstand: 2 Bund)
4 kleine Terz (Abstand: 3 Bünde)
5 große Terz (Abstand: 4 Bünde)
6 reine Quarte (Abstand: 5 Bünde)
7 verminderte Quinte (Abstand: 6 Bünde)
8 reine Quinte (Abstand: 7 Bünde)
9 kleine Sext (Abstand: 8 Bünde)
10 große Sext (Abstand: 9 Bünde)
11 kleine Sept (Abstand: 10 Bünde)
12 große Sept (Abstand: 11 Bünde)
13 reine Oktave (Abstand: 12 Bünde)

In einigen Ländern, z.B. in Italien, heißen die Tonnamen nicht **c d e f g a h**, sondern **do re mi fa so la ti do**.

In den englischsprachigen Ländern wird der Ton **h „b"** genannt. Sagt man dann die Töne von unten nach oben mit dem **a** beginnend auf, ergibt sich der erste Teil des Alphabets (a b c d e f g).

Normalerweise kann man sich darauf verlassen, dass die Fingersatzzahlen stimmen, also z.B. beim Spiel in der ersten Lage der 4. Finger auch im 4. Bund greift. Aber es gibt von dieser Regel auch Ausnahmen, und Druckfehler sind auch nicht ausgeschlossen. Im Zweifelsfall also lieber den Ton prüfen und nicht „blind" nach dem Fingersatz spielen!

| **Zur Notation** | **Ein Ton - verschiedene Positionen** | **Lautstärke** |

Nur die fünf tiefsten Töne auf der tiefen E-Saite (E, F, Fis, G und Gis) und die vier oder fünf höchsten Töne der hohen e-Saite lassen sich auf nur einer Saite spielen. Alle anderen Töne kommen an mindestens einer weiteren Stelle vor. Das **h** der leeren h-Saite z. B. kann auch auf allen vier tieferen Saiten gespielt werden.

pp (pianissimo) = sehr leise

mp (mezzopiano) = etwas mehr als leise

ff (fortissimo) = sehr laut

Die Notenschrift kann die zeitliche Abfolge der Töne exakt darstellen. Bei einer Melodie löst ein Ton den anderen ab, sodass die Notation der Tonlängen kein Problem darstellt. Werden aber auf der Gitarre die Töne eines Akkords nacheinander angespielt (Arpeggio), wird es etwas schwieriger: Gegriffene Töne bleiben in der Regel bis zum nächsten Akkord liegen, klingen also ineinander über. Auch leere Saiten innerhalb eines Akkords klingen weiter, bis sie neu angespielt werden. Würden hier die tatsächlichen Tonlängen notiert werden, sähe das Notenbild viel zu kompliziert aus. Deshalb wird bei der Arpeggio-Technik darauf verzichtet und nur die zeitliche Abfolge notiert.

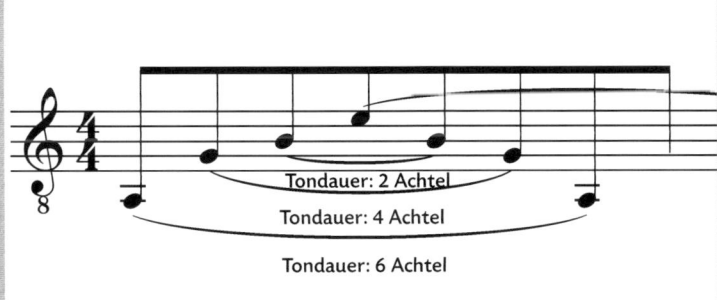

Tondauer: 2 Achtel

Tondauer: 4 Achtel

Tondauer: 6 Achtel

Kopiervorlagen Pizzarand

3/4-Takt

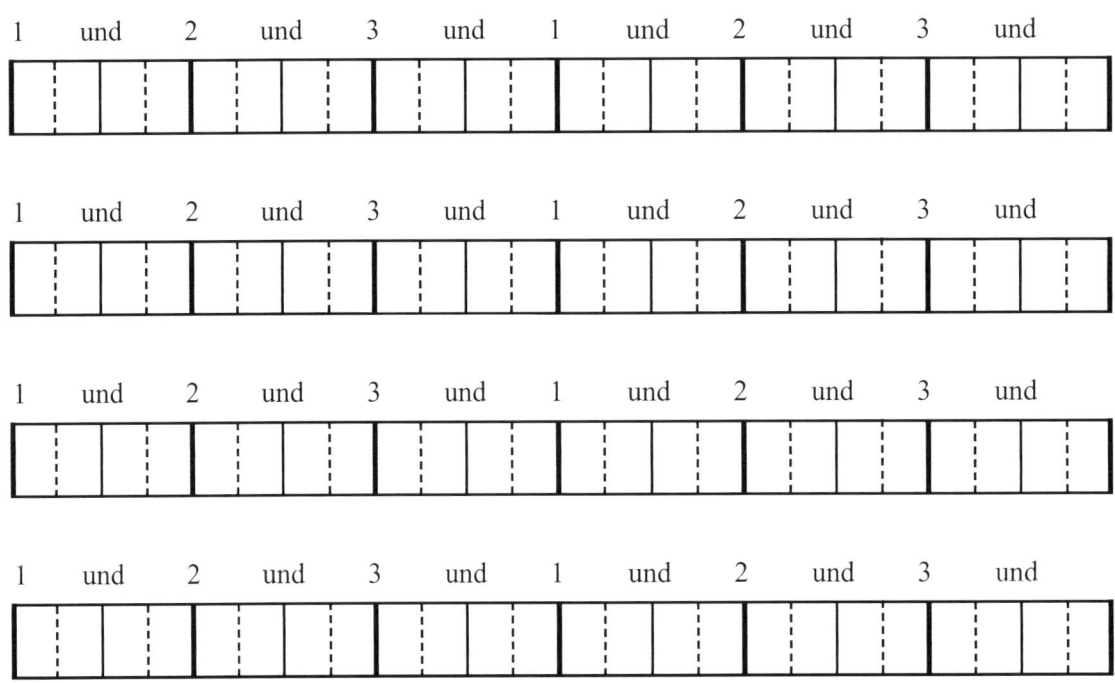

4/4-Takt

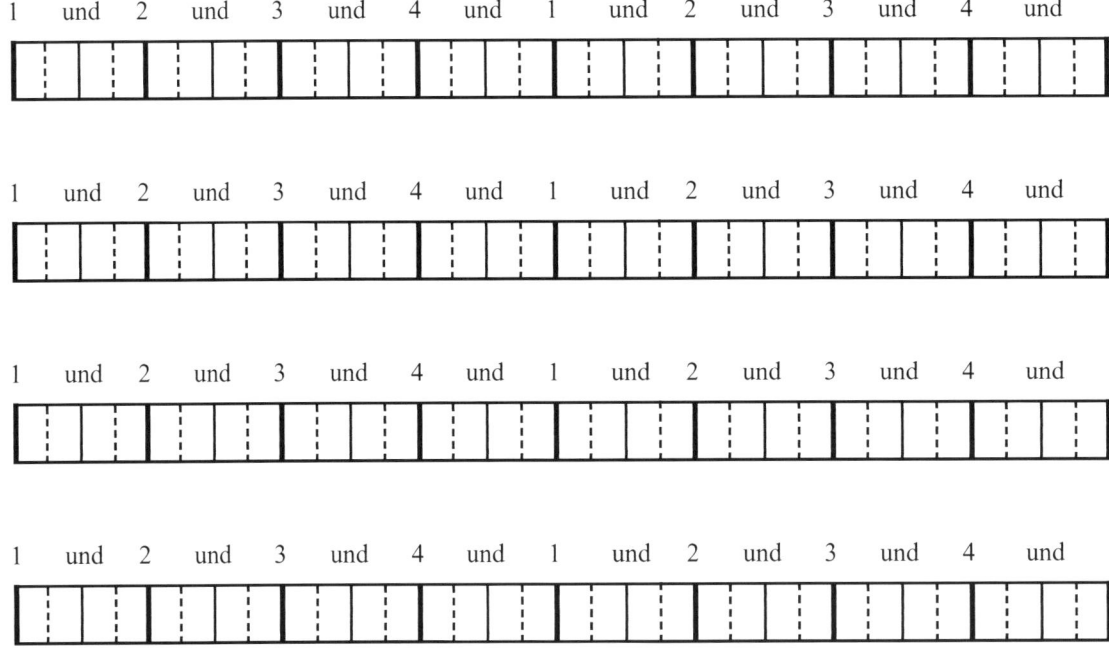

3/8-Takt

1	und	2	und	3	und	1	und	2	und	3	und

1	und	2	und	3	und	1	und	2	und	3	und

1	und	2	und	3	und	1	und	2	und	3	und

1	und	2	und	3	und	1	und	2	und	3	und

6/8-Takt

1	und	2	und	3	und	4	und	5	und	6	und	1	und	2	und	3	und	4	und	5	und	6	und

1	und	2	und	3	und	4	und	5	und	6	und	1	und	2	und	3	und	4	und	5	und	6	und

1	und	2	und	3	und	4	und	5	und	6	und	1	und	2	und	3	und	4	und	5	und	6	und

1	und	2	und	3	und	4	und	5	und	6	und	1	und	2	und	3	und	4	und	5	und	6	und

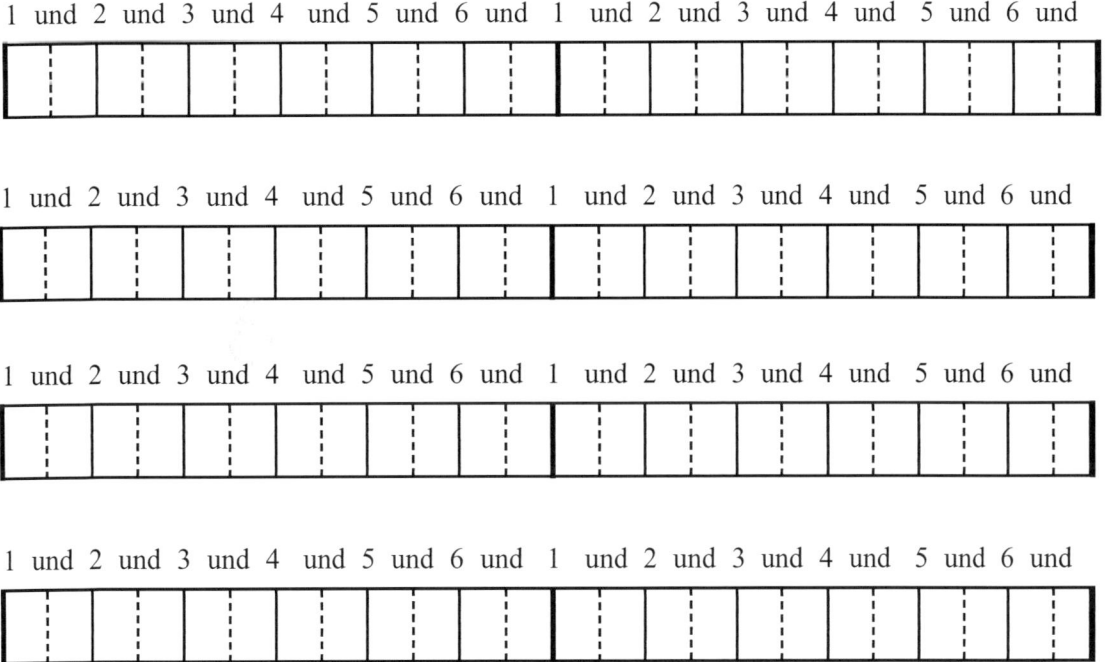